혼자서
길을
걷다

혼자서 길을 걷다

1판 1쇄 발행	2025년 10월 10일
지은이	최낙진
발행인	이선우
펴낸곳	도서출판 선우미디어

등록 | 1997. 8. 7 제305-2014-000020
02643 서울시 동대문구 장한로 12길 40, 101동 203호
☎ 2272-3351, 3352 팩스: 2272-5540
sunwoome@hanmail.net
Printed in Korea ⓒ 2025. 최낙진

값 15,000원

※ 잘못된 책은 바꿔 드립니다.
※ 저자와 협의하여 인지 생략합니다.
※ 저작권법에 따라 무단 전재와 복제를 금합니다.

ISBN 978-89-5658-806-3 03810

인내와 끈기, 사랑으로 지킨 약속

혼자서 길을 걷다

최낙진 수필집

선우미디어

축하의 글

어머니의 힘으로 지켜낸 약속
−최낙진 수필집 ≪혼자서 길을 걷다≫를 읽고

이정림
≪에세이21≫ 발행인 겸 편집인

　인생은 결코 짧지 않다. 행복한 사람에게는 짧지만, 그렇지 않은 사람에게는 너무나 길다. 살면서 원하든 원하지 않든 동행을 만나게 된다. 긴 여정의 외로움을 서로 나누어 가질 수 있고, 서로에게 위로가 되어 줄 수 있는 동반자를 만난다면 그 인생은 행복한 만큼 짧게 느껴질 것이다.
　이 작가에게도 그런 동반자가 있었다. 그러나 귀밑머리가 파 뿌리가 되도록 해로하자던 남편은 십 년도 함께하지 못하고 하늘나라로 갔다. 그러나 운명하면서도 남편이 눈을 감지 못했던 이유를 아내는 직감으로 알아낼 수 있었다. 그래서 아내는 남편에게 약속을 한다.

무엇을 못 잊어 눈을 못 감나요. 이곳에 남기고 가는 우리 때문이라면 걱정하지 마세요. 아이들은 제가 예쁘게 키울게요. 정말 잘 키우고 당신을 만났을 때 잘했다고 칭찬해 줘야 해요. 약속할 수 있죠?　　　　　　　　　　－〈마지막 약속〉 중에서

아내의 이 말을 기다리기라도 한 듯이 남편은 비로소 눈을 감았다. 젊은 아내는 지아비를 따라 세상을 등지고 싶었지만 지켜야 할 것 때문에 차마 그렇게 하지 못했다. 지켜야 할 것이란 남편 대신 아이들을 잘 키우겠다는 약속이었다.

그동안 남편의 그늘 아래에서 안온하게만 살았던 평범한 이 작가에게 그 약속은 너무도 무거웠다. 박노해 시인도 '약속은 하기 쉬우나 지키기는 어렵다.'고 하지 않았던가.

여자 몸으로 혼자서 아이들을 키운다는 게 그리 녹록지만은 않았다. 아무리 사랑을 주어도 아빠의 빈자리는 채울 수 없었다. 맨발로 자갈길을 걷는 것 같은 세파 속에서 울고 싶어도 소리 내어 울 수가 없었.

여인들은 신사임당을 흠모하여 그처럼 살고 싶어 한다. 그러나 이 작가는 놀랍게도 칭기즈칸의 어머니인 오옐룬과 동질감을 갖는다. 그 여인도 남편이 죽자 그를 추앙하던 부

족이 모두 떠난 황량한 마을에서 배고프다고 칭얼거리는 자식에게 빈 젖을 물린 어머니였다. 어느 날 늑대가 나타나 달려들었을 때 이 여인은 무섭다기보다 굶주리는 자식을 생각하며 죽기 살기로 사투를 벌인다. 늑대는 단순히 무서운 동물이 아니라 하늘이 보내 준 식량 같았기 때문이다.

어머니는 그만큼 강인했다. "하늘에서 우리에게 식량을 주었구나." 어머니 오엘룬의 말을 들으면서 형언할 수 없는 뜨거운 감동이 몰려왔다. 사나운 늑대를 무서워하지 않을 사람이 어디 있겠는가. 그럼에도 늑대와 싸워 이길 수 있었던 건 자식들을 생각하는 모성애의 힘이지 싶었다.

-〈어머니의 힘〉에서

이 작가는 힘들고 고통스러울 때마다 칭기즈칸의 어머니를 떠올리며 힘을 얻었다. 자신이 아버지의 빈자리를 대신할 수는 없지만 칭기즈칸의 어머니처럼 자식을 강하게 키우리라고 다짐을 했다. 그런 어머니의 마음을 헤아리기도 한 듯 건강하고 올곧게 자라준 자식들이 그저 고마울 뿐이다.

몸이 약하여 "네가 사람 구실을 할까" 걱정하셨던 아버지께 부부가 함께 행복하게 사는 모습을 보여 드리지 못한 것이 미안하고 송구스럽다. 하지만 구십을 넘긴 어머니의 따듯한 말씀이 그 많은 어려움을 이겨 낸 훈장처럼 고맙다.

몸이 약한 네가 남편도 없이 자식들을 반듯하게 키웠다며 내 등을 쓰다듬어 주시는데 눈물이 났다. (…) 울지마, 낙진아! 어머니는 강해야 되는 것이야.
―〈어머니의 힘〉 중에서

이 작가는 지금도 여전히 혼자서 길을 걷는다. 그러나 이제는 외롭지 않다. 그동안 눈에 들어오지 않았던 야생화가 거기에 아름답게 피어 있음을 보았고, 하늘과 구름이 외로운 이들에게 벗이 되어준다는 사실도 알았기 때문이다. 그리고 무엇보다도 어머니의 발걸음을 따르는 효성스러운 자식들이 있기 때문이다.

지난 어려운 세월 속에서도 그들이 있어 힘을 낼 수 있었고, 그들이 있어 눈물도 닦을 수 있었지 않은가. 그들과 함께했던 지난 세월도 생각해 보면 아름다웠다. 이젠 발걸음도 가볍고 몸도 가볍다. 방하착(放下著)이다.

저자의 말

혼자서 길을 걸으며 지낸 세월의 흔적을 돌이켜보니 어느새 일흔을 훌쩍 넘었습니다. 지금까지의 내 삶을 돌아보니 기쁨과 고단함이 공존한 가운데 그 길 위에서 웃기도 했고 때로는 조용히 눈물을 삼키기도 했습니다. 그 한 걸음 한 걸음이 모여 지금의 내가 되었음을 고백하며 이 책에 남기고자 합니다.

나는 평범한 주부이자 직장인이었고, 가족을 돌보며 살아온 보통의 여자입니다. 그런데 세월이 흐를수록 마음 한 곳에 작은 울림이 자꾸 일어났습니다. 언제부터인지 살아온 나의 삶을 글로 써봐야겠다는 생각, 앞으로 이 길을 걸어갈 자식들과 손주들에게 내 삶의 흔적을 전하고 싶다는 바람이 생겼습니다.

이 책을 읽다보면 나와 동시대를 살아온 분들에게 '아, 나도 그랬지' 하고 웃음 지을 수 있는 추억도 있을 것입니다. 내 인생의 길은 늘 곧게 뻗은 길만 있는 것만이 아닌 때로는 굽이치고 험난한 길도 있었습니다. 그 길 위에서 만난 수많은 분들, 그분들과의 소중한 만남 덕에 고난과 역경에도 버틸 수 있었습니다.

늦었다고 생각할 때가 가장 빠르다는 말처럼 이 순간이 제게는 가장 소중한 시간입니다. 이제 팔십이 가까운 나이에 나의 여정을 닮아 한 권으로 펴내게 되니 감개무량합니다.

이 책이 나오기까지 곁에서 늘 힘이 되어주고 기쁠 때나 슬플 때나 언제나 함께해준 형제 자매, 어느새 자라 나의 글을 응원해 주는 버팀목인 아들과 딸에게 큰 고마움을 전합니다.

수필을 쓸 수 있도록 지도해 주신 『에세이21』 산영재 선생님과 제 글을 예쁘게 묶어주신 선우미디어 이선우 대표님, 오랜 시간 함께 해 주신 문우님들에게도 깊은 감사를 드립니다.

2025년 10월

최낙진

차례

추천의 말 | 이정림 · 5
저자의 말 · 8

1
§
마지막 약속

아기천사들의 합창 · 17
어머니의 힘 · 23
철없던 신혼생활 · 28
마지막 약속 · 35
옥탑방 · 40
커피 · 45
혼자서 길을 걷다 · 49
첫 산행 · 54
손을 내밀면 · 61
준기 엄마 · 66

2 § 아버지의 전화

귀뚜라미 · 75
기억 속의 할머니 · 80
냉잇국 · 87
귀여운 여동생 · 91
매미 소리 · 96
물 좀 아껴 써라 · 101
시래기 무침 · 106
아들이 좋아하는 청량음료 · 111
아버지의 전화 · 116
올케와 시누이 · 121

3 § 딸기 서리

건망증 · 129

경로 우대증 · 135

관악산 일출을 보고 · 140

단감 · 146

밭 한번 매 봐 · 151

딸기 서리 · 157

찐 감자 · 162

보호자 · 168

춤도 못 추면서 · 174

4 § 보리밥

보리밥 · 183

봄볕 속을 날아서 · 188

석탄 열차 · 193

선유도의 추억 · 198

소머리국밥 · 203

추억의 앳재 · 208

작은 부엌 · 214

수학여행과 흑돼지 · 219

진흙팩 · 225

아, 백두산 · 231

1
마지막 약속

지금, 이 순간 나는
남편에게만은 약속을 지켰다고 자랑하고 싶다.
그런데 내 눈이 붉어지며 뜨거워지는 것은 무엇 때문일까.
왠지 지나온 세월이 가슴을 메우며
그동안 겪었던 가시밭길도
이제 종점이 보이는 고갯마루에 선 듯하다.
일종의 안도감에서인지,
남편과의 약속을 지켰다는 흡족함에서 오는
행복한 뜨거움인지 모르겠다.
-본문 중에서

아기천사들의 합창

 손을 깨끗이 씻고, 마스크를 쓴다. 잔뜩 부푼 마음으로 신생아실 문을 연다. 그리고 인사를 한다.
 "아기천사들아! 잘 잤니?"
 인기척을 알아차리고 아기천사들이 잠에서 깨어났다. 기지개를 켜며 한 아이가 울음으로 대답한다. 그러면 다른 아기들도 잠에서 깨어나 서로 먼저 안아달라는 듯 목청껏 울음을 터트린다. 아기천사들의 울음소리가 합창 소리로 들린다. 그 소리를 들으면 마음이 다급해진다. 선생님들이 달려가 기저귀를 살펴보며 갈아주고 안아 준다. 젖병을 물리고 나서야 비로소 소란스러운 신생아실은 소나기가 지나간 듯 조용해진다.

아기를 안고 가만히 들여다본다.

'이 세상에서 제일 예쁜 꽃들. 그 어떤 꽃이 이렇게 예쁠까?'

나는 새 생명과 산모들을 돌보아주는 산후조리원을 운영하면서 매일 소중하고 아름다운 아기천사들과 만난다. 오줌과 노란 응가로 축축해진 기저귀를 갈아줄 때면 나도 모르게 입가에 미소가 번진다. 아기들의 얼룩진 기저귀를 볼 때면 안심하게 되고 더욱 사랑스럽게 느껴진다. 잘 먹고 잘 싼다는 건 아기들이 건강하다는 증표이기 때문이다.

아기들은 배가 고프면 입맛을 다시며 이리저리 얼굴을 돌린다. 얼른 안아서 손수건으로 턱받이를 해주면 입을 벌리고 젖병을 찾는다. 젖병을 물려주었을 때 아기들의 성격이 나온다. 성격이 급한 아기는 숨도 안 쉬고 입 주위가 새파래질 때까지 빨고 또 빤다. 그럴 때는 젖병을 입에서 빼고 숨을 고르게 한 뒤 트림을 한 번 시키고 다시 물려준다. 어느 정도 배가 부르면 그제야 천천히 먹는다. 성격이 느긋한 아기는 배가 고파도 입술만 빨고 있다. 젖병을 물려주면 그때야 젖병을 쪽쪽 빨며 맛있게 먹는다.

우리 어른들과 모든 게 똑같은 것 같다. 성격이 급한 아기, 느긋한 아기. 그런데 아기가 어른보다 나은 면도 있다. 배가 부르면 더는 먹지 않는다. 조금만 부족해도 더 먹으려고 하고 양이 차고 배가 부르면 젖병을 빨지 않고 그냥 입에 물고만 있거나 혀로 밀어낸다. 이럴 때는 어른보다 낫다는 생각이 든다. 어른들은 배가 부르다고 하면서도 자꾸 먹지 않는가.

남자 아기 중에는 기저귀를 갈아줄 때 내 얼굴에 오줌 세례를 줄 때도 있다. 그 모습마저 사랑스러워 웃음이 나온다.

어느 날 신생아실에서 탄성 소리가 들려서 우리는 모두 그쪽을 보며 폭소가 터졌다. 한 남자 아기의 소변이 물총처럼 포물선을 그리며 일 미터 이상이 나가는 게 아닌가. 한 번도 아닌 두 번이나. 그래서 그 아기 별명은 '일 미터'로 불렸다.

우리는 그 아기를 한동안 잊고 있었다. 그러던 어느 날, 요람에 누워 있는 여자아기가 무엇인가를 쪽쪽 빠는 소리가 들렸다.

"어머! 이 아기가 무엇을 맛있게 먹어?"

아기를 들여다보는 순간 웃지 않을 수가 없었다. 옆에 있는 요람 속의 남자 아기가 기저귀를 갈아 주려고 풀어주는 순간 쉬를 해서 여자 아기의 얼굴에 튀었는지 맛있게 입맛을 다셔서 얼른 닦아주고 웃었다. 옆에 있던 선생님이 지난해 우리에게 큰 웃음을 주었던 아기, 일미터 이름을 부르면서 그때 상황을 이야기하고 신생아실은 또 한바탕 웃음바다가 되었다.

신생아실에서 천사들을 돌보기 때문에 우리는 항상 긴장하며 자상한 마음으로 일해야 한다.

그러나 신생아들과 산모들이 모두 건강한 것만은 아니다. 이런 일이 있었다. 하루를 쉬고 출근한 어느 날, 신생아실에서 조금 이상한 아기를 발견했다.

"어! 이 아기가 왜 이래?"

신생아 카드를 보고 깜짝 놀라지 않을 수가 없었다. 순간 안쓰러워 그 아기를 쳐다볼 수 없었다. 외할머니의 무지로 산모가 먹지 말아야 할 약을 먹어서 아기가 이렇게 되었단다. 나는 그 아기만 보면 안타깝기만 했다. 그런데 약간 정신장애가 있는 듯한 산모는 아기의 상태를 알지 못하고 아무렇지도 않은 듯이 웃으면서 돌아다녔다. 우리 선생님들의 걱정은 더 많았다.

"어쩌면 좋으니? 남자아이가 잘도 생겼는데."

산후조리원을 그만둔 후에도 그 아기가 생각나면 가슴이 아프다.

어느 날 신생아가 들어올 때부터 감기기가 있었는데 3일째 되니 상태가 심해졌다. 열은 없는데 가쁜 숨을 쉬며 괴로워했다. 산모와 아기 아빠에게 병원엘 다녀오기를 권했으나 괜찮다며 시간을 미루었다. 그날은 퇴근하지 못하고 내가 직접 신생아를 돌보았다. 날이 밝을 때까지 도저히 기다릴 수 없어 산모와 아기를 새벽 1시쯤 종합병원 응급실로 보냈다. 하지만 병원에서 의사 선생님이 아기가 열이 없으니 접수하고 아침 9시에 오란다고 해서 아기는 다시 조리원으로 돌아왔다.

나는 괴로워하는 아기를 안고 하나님께 간절히 기도드렸다. 너무나 간절히 드리는 기도에 하나님께서 들어주셨던 걸까, 아기가 기침하면서 그 조그마한 목에서 많은 가래가 쏟아져 나와 놀랐다. 그 후 호흡이 편해진 아기가 새근새근 잠이 들었다.

오전에 다시 아기를 데리고 병원으로 갔다. 진찰을 마친 의사가 입원해야 한다고 해서 입원을 시키고 나 혼자서 조리원으로 돌아왔다. 모든 검사가 끝나고 결과가 나올 때까지 나는 음식조차 먹지 못하고 속은 까맣게 타들어 가는 것 같았다. 아기는 3일 만에 퇴원해서 돌아왔다.

"원장님이 기도해 주셔서 우리 아기가 빨리 회복되었어요."

아기 아빠가 환한 모습으로 들어왔다. 나는 얼른 아기를 안아 주면서 기쁜 마음을 감출 수 없었다.

"아가야! 빨리 나아 주어 고맙다."

조리원을 운영하면서 늘 아기들을 노심초사로 돌보며 순간순간을 긴장하며 지냈다. 그래도 아기천사들의 합창을 들으며 근무하던 그때가 참 그립다.

요즈음 시골에서는 젊은 청년들이 도시로 떠나 아기 울음소리 듣기가 어렵단다. 시골 어른들은 아기 울음소리를 듣고 싶다며 하소연을 하고 있다. 나는 날마다 아기천사들의 합창을 들으면서 근무했으니 축복받은 삶을 살았는지 모른다. 지금도 그때를 생각하면 뿌듯하기만 하다.

어머니의 힘

어머니가 보고 싶어 시골집에 내려갔다.

어느 겨울밤, 어머니와 마주 앉아 얘기를 나누고 있는데 뒷산에서 부엉이 울음소리가 들렸다. 그런데 왜 부엉이 울음소리가 늑대의 울음소리처럼 들렸을까.

어느 날. 초등학교 동창 둘이서 내 사무실에 놀러 왔다. 점심 식사를 하고 우리 사무실에서 가까운 영화관에서 영화 〈칭기즈칸〉을 함께 보았다. 몽골의 넓은 평야와 스펙터클한 화면이 우리의 가슴을 활짝 열어주는 것 같았다.

칭기즈칸의 어머니 오엘룬은 어느 부족장의 딸로서 고생을 모르고 곱게 자란 여자였다. 그러다 칭기즈칸의 아버지 에스게이한테 납치당해왔는데 현실에 도전하는 정신과 아들에 대한 모성애가 강한 여자였다.

  부족장 에스게이가 죽자 모든 부족이 가축들을 몰고 마을을 떠났다. 사람들이 떠난 마을은 먹을 것도 없고 무서운 들짐승들이 울부짖는 소리가 들리는 공포의 벌판으로 변해 버렸다. 그런데 칭기즈칸의 어머니는 그곳에 홀로 남아 황량하고 넓은 워난강을 지키기로 마음먹는다. 아이들이 배고프다고 칭얼거릴 때면 아무것도 먹지 못한 몸이지만 가슴을 풀고 자식에게 젖을 물렸다.

  눈이 하얗게 내린 밤, 춥고 무서움에 떨고 있을 때 늑대의 울음소리가 들려왔다. 그녀는 늑대 소리가 오히려 반갑게 느껴졌다. 굶주리고 있는 자식들을 생각하면서 맹렬히 달려드는 늑대에게 팔을 물려가면서 싸워 이겼다. 이 늑대를 잡아야만 자식들을 먹일 수 있으니 사생결단, 사투를 벌이는 어머니는 그만큼 강인했다.

  "하늘에서 우리에게 식량을 주었구나."

  어머니 오엘룬의 말을 들으면서 형언할 수 없는 뜨거운 감동이 몰려왔다. 사나운 늑대를 무서워하지 않을 사람이 어디 있겠는가. 그럼에도 늑대와 싸워 이길 수 있었던 건 자식들을 생각하는 모성애의 힘이지 싶었다.

영화를 보면서 남편 없이 홀몸으로 아이들을 키우는 내 처지와 같다는 생각에 눈시울이 뜨거웠다. 나는 건강한 체질이 아니어서 아이들을 뒷바라지하기가 힘들었다. 폐렴으로 입원했을 때는 몸이 통증보다 고3 딸의 뒷바라지를 못 해 주는 게 더 고통스러워 마음이 아팠다.

아들과 딸이 똑같이 대학 4학년으로 올라갈 때 내가 하던 사업이 부도를 맞았다. 있는 지금을 모두 긁어모았다. 심지어 아이들 등록금까지 보태면서 '우선 막으면 회복되겠지.'라고 생각했다.

그러나 그것은 나의 착각이었다. 아이들은 휴학하겠다고 했다. 받을 돈은 많은데 수금이 안 되어 가슴을 태우다가 등록금 마감일을 넘기고 말았다. 2차에서 어렵게 등록하고 나니 이번에는 2학기 등록금 때문에 앞이 캄캄했다. 다행히 일부나마 수금되어 그 돈은 아무도 모르게 이불장 깊숙이 숨겨 두었다.

아이들의 2학기 등록을 마치고 나니 긴장이 풀렸던지 병원에 입원하고 말았다. 딸이 입원 수속을 마치고 와서 말했다.

"엄마, 이렇게까지 아프면서 우리를 지켜 주셔서 감사합니다."

내가 아픈 것보다 눈물을 흘리는 딸의 모습이 더 가슴을 아리게 했다. 힘들고 고통스러울 때마다 칭기즈칸 어머니를 떠올리며 스스로 이렇게 위로했다.

'삶이란 이렇게 힘든 것이구나.'

그 영화를 보면서 칭기즈칸이 잘해서 몽골의 통일을 이룬 게 아니라 강한 어머니의 의지와 모성애 그리고 올곧은 교육 덕분이라는 생각이 들었다.

영화관을 나오면서 속으로 다짐했다. 내가 우리 아이들의 아빠의 빈자리를 대신할 수는 없으나 칭기즈칸 어머니처럼 강하게 키우리라고. 그런 내 마음을 헤아리기라도 한 듯 아이들이 건강하고 올곧게 잘 자라주었으니 그저 고마울 뿐이다.

"몸이 약한 네가 남편도 없이 자식들을 반듯하게 키웠다."

구십을 넘긴 어머니가 내 등을 쓰다듬으며 하시는 말씀에 눈물이 났다. 거칠어진 손마디가 어머니의 파란만장한 삶을 말해주는 것 같았다.

어머니는 아들 넷, 딸 넷, 팔 남매를 낳으셨다. 기구한 운명인지 불의의 사고로 아들 둘을 여의고 사위 둘까지 잃으셨다. 생때같은 자식을 가슴에 묻고 피눈물로 세월을 보내고 용케도 오늘까지 버티며 살아온 어머니시다.

어머니가 흘린 눈물은 내가 남편 없이 자식들을 키우면서 흘린 눈물과는 비교도 안 되는 눈물이었다. 나도 어머니께 죄인이었다. 남편을 지키지 못하고 먼저 하늘나라로 보냈으니 어머니 가슴에 못을 박은 자식이 되고 말았다.

어머니는 살아남은 여섯 남매인 우리한테 잘살아줘서 고맙다고 말씀하셨다. 하염없이 눈물이 쏟아져 말을 잇지 못하고 어머니를 끌어안았다. 어머니 등으로 떨어지는 눈물을 알아차리고 가는 목소리로 말씀하셨다.

"울지마, 낙진아! 어미는 강해야만 되는 것이여."

'오래오래 사세요. 여생을 우리 형제들이 잘 지켜드릴게요.'

속으로 말씀드리며 한 번 더 힘주어 어머니를 안았다.

철없던 신혼생활

 부모님께서 걱정이 태산이셨다. 나이 서른이 다 되도록 딸이 결혼할 생각을 안 하니 부모님이 애를 태우는 것은 당연한 일. 그런데 뜻밖에도 친정 고모의 여고 동창이 좋은 혼처 자리가 있다며 중매를 섰다.

 겨울이 지나고 봄 향기가 가득한 5월 네 번째 토요일 오후였다. 중매를 서는 고모 친구가 신랑 될 총각과 친구들을 우리 집으로 데리고 오셨다. 넓은 마당 한쪽에 한약재로 쓰려고 아버지가 심어 놓은 작약밭이 있었다. 작약 꽃이 한꺼번에 피어 온 집안에 자줏빛 향기가 가득했다. 대문에 들어선 총각이 작약 꽃향기에 취한 듯 어리둥절해하였다.

 선을 보는 자리인지라 방안에 다소곳이 앉아 총각의 이야기를 듣고 있는데 고등학교 교사답게 말도 조리 있게 시원시원했다. 아버지는 벌써 사위나 된 것처럼 기분이 좋아 목소리가 커지고 말씀이 많아지셨다. 이것저것을 물어보고 같이 술도 드셨다. 그날 사윗감 면접은 합격이었다.

이야기가 끝나고 마당으로 나온 그가 작약밭 앞으로 가더니 감탄하며 넋을 잃고 꽃을 바라보고 있었다. 나는 얼른 꽃 한 주먹을 꺾어 줄기를 손수건에 싸서 내밀었다.

"꽃을 참 좋아하시나 봐요? 오늘 기념으로 가져가세요."
"아가씨가 꽃인지 꽃이 아가씨인지 어리둥절하네요."

그이가 나에게 처음으로 던진 한마디였다. 내가 내민 꽃다발을 덥석 받았다. 나의 신랑으로 합격증을 받고 기분 좋게 돌아갔다.

그 후부터 매주 토요일 오후면 어김없이 직장으로 찾아왔고 우리는 데이트에 푹 빠졌다.

무더운 여름날이었다. 그이가 간단한 복장으로 나오라고 전화했다. 나는 어디 나들이라도 가는 줄 알았다. 빨간색 민소매 티셔츠에 앞트임이 단추로만 채운 상앗빛 쪽 치마를 입었다. 그때 유행하던 빨강, 검정 끈으로만 얼기설기 엮어 놓은 샌들을 신고 집을 나섰다. 그 시절 어른들은 경망스럽다고 못마땅해하는 차림이었다. 그는 내 옷차림을 보고도 아무런 반응이 없었다.

"우리 함께 걸을까요?"

그이는 내 보폭에 맞추어 걷기 시작했다. 여자를 배려하는 마음이 돋보여 믿음직스러웠다. 천변을 따라 이야기를 나누며 걷다 보니 뙤약볕이 우리를 시샘이라도 하듯 따갑게 내리쬐고 있었다. 초록, 빨강의 지붕들이 즐비하게 늘어선 주택가 그 어느 집 대문 앞에서 그이가 걸음을 멈추었다. 벨을 누르자 대문이 열렸다.

"어서 오세요."

반갑게 맞이하기에 난 어리둥절하면서도 따라 들어갔다. 현관에 들어서니 시댁 어른들이 나를 기다리고 계셨다. 얼떨결에 시댁 식구들과 그렇게 인사를 드리게 된 것이다. 얌전하지 못한 내 모습을 어른들께 보여 드리는 것이 민망해 어찌할 줄 몰랐다. 미리 사정을 말해주지 않은 그이가 원망스러웠다.

그와 만남을 가지면서 6개월이 지난 11월 26일에 양가 부모님께서 상견례를 하시게 되었다. 그 자리에서 시아버지 되실 분이 결혼 날짜를 말씀하셨다.

"양가의 의견이 맞으니 결혼식 날짜를 잡는 게 좋겠네요. 우리 집 사정이 급하니 오는 12월 6일에 결혼식을 하면 어떨까요?"

난 깜짝 놀랐다. 아무리 급해도 그렇지. 어떻게 열흘 만에 결혼식을 올릴 수 있을까 하는 생각에 눈앞이 캄캄했다.

"너희 집이나 우리 집안은 가정의례 준칙을 지켜야 하니 아무것도 해오지 말고, 고리짝이라는 것 아니? 그것 하나면 된다."

우리 부모님께서는 흔쾌히 승낙하셨다. 여자 나이 내일모레면 서른 살, 걱정이 태산이던 참이었다. 내일 결혼식을 올리자고 해도 승낙하실 심정이었을 것이다. 지금 같으면 결혼 준비의 모든 것을 시장에 가서 돈으로 사면 되지만 그때는 모두 손수 만들었기 때문에 시간이 필요했다. 정신없는 열흘이 지나갔다.

우리 결혼식 날에 그해의 첫눈이 내렸다. 그것도 포근한 함박눈이었다. 가풍을 익히기 위해 며느리 넷이 모두 시댁에서 1, 2년씩 살다 분가했다고 해서 우리도 시부모님과 같이 살기로 했다.

우리의 꿈같은 신혼생활은 겨울 방학과 함께 시작되었다.

신혼이라고 남편의 학교에서 방학 동안의 수업은 모두 빼주어서 우리 부부에겐 한 달이라는 휴식이 보너스처럼 주어졌다. 우리는 이 보너스를 어떻게 알차게 쓸 것인지 행복한 고민에 빠졌다.

그해 겨울은 매우 추웠다. 기온이 영하 10도 이하로 떨어지면 시내에서 조금 떨어진 저수지가 꽁꽁 얼었다. 신랑이 아침 일찍 일어나 스케이트를 타러 가자고 했다. 신혼의 새색시가 감히 생각도 못 할 일이었다. 신랑이 나갈 때 부모님께 둘러댔다.

"점심을 초대받아서 같이 나갔다 오겠습니다."

식사 초대에 간다며 청바지를 입고 나서는 나를 보고 시어머니께서 말씀하셨다.

"넌 키도 크고 날씬하니 롱스커트를 입고 가면 예쁠 텐데 청바지를 입고 가니?"

그제야 아차 싶었다. 우리는 놀러 가는 데만 정신이 팔려 거기까진 미처 생각을 못 했다.

"예! 편해서요."

"그래도 넌 새댁이니 옷 입는 데 신경을 써야지."

시어머니 말씀을 들은 뒤부터는 스케이트를 타러 갈 때면 롱스커트를 입었다. 청바지는 가방에 넣은 채 핑계를 대고 집을 빠져나왔다. 신바람이 나서 피곤한 줄도 모르고 놀다 보면 오는 버스 안에서 깜빡 졸다가 종점까지 갈 때가 허다했다.

방학이 끝나갈 즈음 스케이트장에서 친정 사촌 남동생을 만났다. 사촌 동생을 만났던 일은 까맣게 잊고 그날따라 늦게까지 스케이트를 타고 시내에 가서 영화까지 보고 집에 돌아왔다.

며칠 후, 날씨가 추워져서 스케이트 타러 갈 준비를 하는데 시어머니께서 방문을 두드리셨다. 시어머니께서 직접 구운 빵과 보온병에 담긴 커피를 주시면서 말씀하셨다.

"일찍 가서 재미있게 놀고 와라."

순간 뜨끔했다. 어머니께서 스케이트를 타러 다닌다는 것을 어떻게 아셨을까? 얼핏 머릿속을 훑고 지나는 사촌 동생이 생각났다.

"얼음 녹으면 재미없다며? 어서들 서둘러라."

우린 뜨거워진 머리를 긁적이며 그 자리를 피해 집을 나섰다. 아침에 일찍 갔더니 꽁꽁 언 저수지는 아무도 타지 않았으므로 스케이트를 지치기에 안성맞춤이었다. 시어머님

일은 까맣게 잊고 있었다. 빵과 커피를 맛있게 먹고 오후에 늦게 돌아와서는 피곤해 밥도 먹지 못하고 자리에 누웠다. 부모님 뵐 면목도 없고 거짓말을 한 것이 너무 죄스러웠다. 다시는 안 가겠다고 결심하고 있는데 사촌 동생에게 전화가 왔다. 시어머님께서 아시게 된 게 바로 사촌 동생 때문이었다. 내 추측이 맞았다.

신혼 초의 스케이트장 사건은 지금 생각해도 철없는 짓이었다. 시어머니들 시집살이 때문에 며느리들이 사네, 못 사네 하던 시절이었다. 우리 시어머니께서는 알면서도 모른 채 눈감아주고 예뻐해 주셨다. 바다처럼 넓은 시어머님의 배려하는 마음을 잊을 수 없다. 그 큰 가르침을 본받아 나도 며느리에게 아량을 베풀면서 살고 싶다.

시어머니의 은혜를 조금이라도 갚을 수 있을까 하고.

마지막 약속

제부의 부음을 받고 아픈 몸을 이끌고 조문하러 갔다. 환하게 웃고 있는 사진 속의 제부를 보니 동생의 슬픔보다, 34년도 넘은 내 기억이 되살아나 설움이 복받쳤다.

"그래도 너는 아이들이 다 커서 불행 중 다행이야. 삼십 대에 남편을 잃은 언니를 생각해."라며 동생에게 궁색한 위로의 말을 건넸다.

그 순간, 남편과의 약속이 떠올랐다.

남편은 간경화로 2년 동안 병마와 싸우다가 세상을 떠났다. 평소에 내 무릎을 베고 누워있기를 좋아하던 그는 그날도 그렇게 누워 찬송을 들으면서 숨을 거두었다. 그 충격으로 정신을 잃었다가 깨어났을 때 시누이가 아무리 애를 써도 눈을 감지 않는다며 다른 방에 누워있던 나를 데리고 갔다. 남편은 정말 눈을 감지 못하고 있었다.

나는 남편의 눈을 쓰다듬으며 약속했다.

"무엇을 못 잊어 눈을 못 감나요. 이곳에 남기고 가는 우리 때문이라면 걱정하지 마세요. 아이들은 제가 예쁘게 키울게요. 정말 잘 키우고 당신을 만났을 때 잘했다고 칭찬해 줘야 해요. 약속할 수 있죠?"

이런 내 말을 듣기라도 한 듯 남편이 비로소 눈을 감았다.

남편과 약속했지만 두려움이 먼저 앞섰다. 지금까지는 남편의 그늘 밑에서 그저 안일하게 살아왔는데 혼자서 살아보기도 전에 이렇게 무거운 약속을 했으니….

생전의 남편은 나와 약속했던 일은 무엇이든지 꼭 지켰다. 첫아이를 가졌을 때 갑자기 딸기가 먹고 싶었다. 당시에는 비닐하우스가 흔치 않아서 2월에는 딸기를 구하기가 힘들 때였다. 출근하면서 "퇴근 때 딸기 사다 줄게."라고 약속했다. 그러나 나는 믿지 않았다.

다른 날보다 늦게 퇴근한 남편이 방에 들어서자마자 품속에서 부스럭거리며 꺼낸 것은 탐스럽게 익은 딸기 아홉 개가 담긴 종이봉투였다. 딸기를 한 팩밖에 구하지 못해서 시부모님께 들키지 않으려고 가슴에 꼭 품고 들어왔던 거다. 추운 날씨에 딸기를 구하려고 먼 곳까지 다녀오느라 그의 체온으로 딸기가 따뜻하게 데워져 있었다. 남편의 사랑처럼 달콤하고 상큼한 맛은 그대로 남아 있었다. 아직도 딸기를 보면 그때 그 맛이 되살아나는 듯하다. 요즈음 싱싱한 딸기라 해도 어찌 그 맛에 비할 수가 있을까.

남편은 조용한 성격으로 책 읽기와 여행을 좋아했다. 시간 있을 때마다 가까운 곳이라도 식구 넷이서 함께 다녀오곤 했다. 병원 중환자실에서 혼수상태에 있다가 깨어나면 아름다운 꽃들이 많이 피어있는 곳에 여행을 다녀왔다며 힘들어하면서도 미소를 잃지 않았다. 그리고 한 마디 했다.

"내 병 나으면 우리 함께 여행하자."

그러나 화창한 5월 어느 날, 남편은 같이 갈 수 없는 그 길을 혼자서 떠났다. 떨어지지 않았을 발길로 영원히 돌아올 수 없는 아름다운 꽃동산으로…. 나도 그를 따라 세상을 등지고 싶었지만 지켜야 할 약속 때문에 차마 그렇게 하지 못했다.

한창 엄마 손이 필요한 어린 남매를 시골 친정에 맡기고 서울로 발길을 옮길 때, 그 광경이 지금도 가슴에 선연하다.

아들은 그래도 남자라 "엄마 안녕히 가세요." 하며 나에게 눈물을 보이지 않으려고 뒤돌아 눈물을 훔치는 모습을 보였다. 그러나 일곱 살인 딸아이는 산언덕까지 따라오며 부득부득 버스 타고 떠나는 엄마를 보고 가겠다고 했다.

"너 엄마 떠나는 것 보면 여기 다시 올 수 없어. 이 길이 너무 무서우니 여기서 그냥 외갓집으로 가거라."

딸아이를 그렇게 얼렀는데도 '엄마 이제 가면 언제 또 오느냐?'며 울며 치맛자락을 잡는 애를 매몰차게 떼어냈다. '엄마가 돈을 많이 벌어야 너희들을 데려갈 수 있으니 외할머니 말씀 잘 듣고 공부 열심히 해.'라면서 돌아서는데, 내 눈에서 피눈물이 나오는 것 같았다.

"엄마~" 울면서 부르는 소리에 뒤돌아보니 딸아이는 그 자리에 서서 떠나는 나를 바라보고 있었다. 순간 달려가 안고 친정으로 돌아가고 싶었지만 여기서 발길을 돌리는 순간 우리 식구는 친정에 얹혀살며 시골을 떠나지 못하는 신세가 될 것 같아 마음을 모질게 먹고는 어서 가라고 손짓했다. 그러면서 따라서 오지 못하는 딸아이를 뒤돌아보니 가물가물 잘 보이지 않았지만 딸아이는 내가 버스를 탈 때까지 손을 흔들고 서 있었다. 그날 엄마를 부르면서 딸아이는 얼마나 울었을까. 혼잡한 버스 안에서 부끄러운 줄도 모르고 한없이 흐르는 눈물을 닦으며 마지막으로 남편과 한 약속을 떠올렸다.

'내가 짊어진 십자가를 누구에게 맡기겠는가.'라고 다짐하며 또 다짐했다.

그동안 맨발로 자갈길을 걸으면서 울고 싶어도 소리 내어 울지 못했다. 큰 소리 내어 우는 세상에 목구멍 깊숙이 눈물을 삼키며 속으로 피보다 더 붉고 뜨거운 고통을 참으며 약속을 지키려고 있는 힘을 다했다.

그로부터 34년이 흐른 오늘, 멋있고 아름답게 잘 자라준 아들과 딸, 이제는 사위와 외손자들까지 모여 남편을 추도하며 예배를 드린다. 조용히 눈을 감고 젊은 시절 나와의 약속을 지키며 행복해하던 남편의 얼굴을 떠올려 본다. 지금, 이 순간 나는 남편에게만은 약속을 지켰다고 자랑하고 싶다. 그런데 내 눈이 붉어지며 뜨거워지는 것은 무엇 때문일까.

왠지 지나온 세월이 가슴을 메우며 그동안 겪었던 가시밭길도 이제 종점이 보이는 고갯마루에 선 듯하다. 일종의 안도감에서인지, 남편과의 약속을 지켰다는 흡족함에서 오는 행복한 뜨거움인지 모르겠다.

옥탑방

지난여름, 시장님이 한 달간 서민들의 고충을 체험하겠다며 강북의 어느 옥탑방으로 이사하는 모습을 텔레비전에서 소개하고 있었다. 한 달간 생활한다고 얼마나 서민들의 고충을 알 수 있을까. 문득 옛날 나와 딸이 옥탑방에서 살았던 기억이 떠올랐다.

가끔 텔레비전 드라마에 나오는 옥탑방은 넓은 방이었고 사랑이 넘치는 낭만적 공간이었다. 특히 옥상에는 예쁜 화단이 마련돼 있었으며, 한쪽 평상에서는 가족이나 이웃들이 둘러앉아 수박 먹는 모습이 너무나 인상적으로 보였다. 그러나 내가 살았던 옥탑방은 겨울의 추위와 여름의 더위를 참아내기에는 너무 힘이 들었다.

옥탑방으로 이사해야만 했던 결정적 이유는 딸의 학교 문제였다. 혼자 몸으로 어렵게 분양받은 집이 안양 평촌에 있어서였다. 딸이 다니는 학교가 멀어서 세 시간 이상을 지하철과 시내버스 속에서 시달려야 했다. 고3으로 올라가는 딸을 그냥 보고만 있기에는 내 마음이 몹시 괴로웠다. 딸은 괜찮다고 했지만 내 마음은 한시가 급했다.

딸이 다니는 학교 부근의 부동산을 샅샅이 찾아봤지만 마땅한 집을 구할 수 없었다. 하는 수 없어 적당한 방이 나오면 연락해 달라고 부동산에 부탁하고 돌아왔다. 초조한 마음으로 며칠을 기다렸더니 마침 연락이 왔다. 옥탑방이 하나 나왔다는 것이다. 급한 마음에 방을 보지도 않고 부랴부랴 계약부터 했다. 그런데 낭만적인 그림을 그리며 우리가 지낼 옥탑방으로 올라간 순간, 나의 꿈은 산산이 깨어지고 말았다. 메마른 옥상에 초라한 방이 덩그러니 남아 있었다. 방이 마음에 들지 않았지만, 그때 우리 처지가 절벽 위에 서 있는 것처럼 절박하였다. 할 수 없이 그 집으로 이사했다.

아주 작은 방과 협소한 주방만이 있을 뿐, 작은 옷장 하나와 밥상, 문갑을 들여놓으니 딸과 둘이 겨우 몸을 누일 수 있었다. 수돗물만 끌어 올린 주방에는 작은 싱크대가 있었고 알루미늄 새시로 칸막이를 한 바로 옆에는 변기와 샤워기만 있었다. 수돗물 사정도 좋지 않아 그 좁은 공간에 고무통까지 들여놓고 물을 받아 사용하니 몸을 움직일 수조차 없었다. 도시가스도 들어오지 않아 야외용 가스레인지를 썼고, 밥은 전기밥솥으로 해결했다.

이른 봄이라 얼마나 추웠던지 주방에 있던 부탄가스가 얼어서 점화되지 않았다. 처음에는 부탄가스가 불량품인 줄 알고 새것으로 갈아 끼웠으나 점화가 되지 않기는 마찬가지였다. 이번에는 가스레인지가 고장 난 줄 알고 새것을 사 왔다. 그러나 여전히 불이 붙지 않았다. 나중에야 날씨가 추우면 부탄가스가 점화되지 않는다는 것을 알았다. 그때부터 부탄가스 몇 개를 따뜻한 이불 속에 넣어 두었다가 사용했다.

삼월이지만 잔설이 채 가시기 전의 옥탑방은 밤공기와 새벽의 차가운 날씨 때문에 정말 견디기 힘들었다. 조금만 추워도 감기로 몸살을 앓는 나는 결국에는 폐렴으로 병원에 입원까지 하게 되었다. 그러나 수험생인 딸아이를 두고 계속 병원에 누워있을 수가 없어 퇴원해서 약으로 하루하루를 버티면서 어서 따뜻한 봄이 오기만 기다렸다.

그렇게 기다렸던 봄이 오는가 싶더니 눈 깜짝할 사이에

여름으로 접어들었다. 옥탑방의 여름은 찜통 속보다 더 뜨거웠다. 아침에 나갔다가 오후에 돌아와 문을 열면 태양열을 받아들인 방바닥은 발을 디딜 수가 없을 정도였고 실내 공기는 숨이 턱턱 막혔다. 문을 활짝 열어 열기를 빼고 한참 후에야 들어갔다.

그럴 즈음 딸은 갑자기 일반 대학에 가지 않고 애니메이션을 전공하고 싶다며 일본으로 유학을 보내 달라고 졸랐다. 새벽까지 열심히 공부하던 딸이 초저녁부터 잠만 자니 열기로 가득한 집안보다 더 뜨거운 화가 내 마음을 덮어 속이 까맣게 타들어 가고 있었다.

나는 끓어오르는 속을 참으며 딸아이를 타일렀다. 일본 유학을 하더라도 우리나라에서 대학을 졸업한 뒤에 간다면 그때는 반대하지 않겠다고 했다. 딸은 내 말이 어느 정도 수긍이 갔는지 마음을 잡고 친구들과 독서실에서 공부하고 새벽 1시쯤 전화하면 달려가서 데려오곤 했다.

학력고사 치르는 날은 왜 그리도 추웠던지, 쌩쌩 부는 찬바람 속에서 발을 동동 구르면서 기다리는데 해 질 녘이 되어서야 딸아이의 모습이 보였다. 나는 딸을 덥석 안으며 "수고했다. 너무나 수고했어."라고 말하는데 눈물이 핑 돌았다.

유치원 때 아빠가 하늘나라로 가셨는데, 그래도 오늘까지 잘 커 준 딸이 고마웠다.

둘이 행복하게 웃으며 돌아와 보니 차가운 옥탑방이 우리를 기다리고 있었다. 보일러도 돌리지 않은 방은 다른 날보다 더 춥게 느껴졌다.

"이젠 시험이 끝났으니 우리 집으로 가자."

다음 날, 계약 기간이 남았지만, 집주인 아주머니에게 이사하겠다고 말하고 양해를 구했다. 수요일에 학력고사를 끝내고 토요일 오후 우리는 옥탑방과 이별하고 평촌 집으로 돌아왔다. 우리 집이 이렇게 편하고 아늑하다니 그동안 고생했던 스트레스가 봄눈 녹듯이 싹 가셨다.

애니메이션 공부를 한다며 일본으로 유학하겠다고 내 속을 썩였던 딸은 다행히 원하던 대학에 들어가서 졸업하였다. 지금은 두 아이의 엄마가 되었다. 그리고 그 꿈을 이루고 왕성하게 활동 중이다.

연한 살이 찢기는 고통을 감내해야 진주조개가 되듯이, 뜨겁고 추웠던 옥탑방이 딸의 인생에 주춧돌이 되어 지금은 영롱한 진주가 된 것 같아 고마움을 느낀다. 지난 옥탑방에서의 생활이 파노라마처럼 스쳐 지나간다.

커피

아침에 일어나면 먼저 물부터 끓인다. 잠에서 깨어나 모닝커피를 한 모금 마시면 짜릿하다 못해 전율을 느낀다. 커피 한 잔으로 정신을 깨우고 하루를 활기차게 시작한다.

내가 커피를 처음 알게 된 것은 어머니를 통해서였다. 60년대 초, 전깃불도 들어오지 않는 우리 동네에서는 아침밥을 먹고 나면 청소며 빨래부터 했다. 농한기에는 어제는 누구 집 오늘은 아무개네 집에서 아주머니들이 모여 담소를 나누었다.

어느 날 영이 어머니는 "우리 딸이 서울에서 공장에 다니는데 공장장이 나 마시라고 코피라는 것을 사주었어. 코피는 작은 잔에 타서 마셔야 해."라고 하셨다.

시커먼 물이지만 아주 달고 맛이 있어 한 잔 마시면 입안이 개운하다며 집으로 데리고 갔다. 순이 어머니는 아침 먹은 게 체했는지 가슴이 답답하고 배가 아파서 그냥 집에 간다고 했다. 영이 어머니는 아침밥을 먹고 커피를 마시면 소화도 잘된다면서 오늘만 특별히 주니 먹어 보라고 했다. 순이 어머니도 마지못해 뒤를 따랐다.

　그 시절, 우리 시골에서는 커피라는 음료도 모르는데 커피잔을 준비한 집이 있을 리 없었다. 영이 어머니는 커피잔이 없으니까 여기다 마시라면서 밥그릇 뚜껑, 고추장 그릇, 간장 종지를 앞에 가져다 놓았다. 모두 눈이 휘둥그레져서 "뭔데 이렇게 작은 그릇에 먹어." "이것은 숭늉과는 달라서 작은 컵에 따라 마셔야 하는데 잔이 없으니까 여기다 마셔."라며 권했다. 그것은 씁쌀하면서도 달콤하고 고소하기까지 해서 기막힌 맛이었다고 했다. 맛과 향으로 신세계를 체험한 날이었다.

　조금 있다가 배가 아프다던 순이 어머니가 가슴 답답한 것도 배 아픈 것도 다 나았다고 했다. 참 신통하다며 한 잔 더 달라고 했다며 어머니는 부러운 듯이 말씀하셨다.

　우리 동네에는 침을 놓아 주는 할아버지가 있었는데 마을 사람들이 체하면 침을 맞으러 가거나 약방에서 약을 사 먹었다. 커피를 얻어 마신 뒤부터는 배앓이 때마다 영이네 집으로 가 커피 한 잔을 얻어 마시는 게 더 좋은 약이 되고 말았다.

나이가 들어서 안일하게만 살아왔던 나는 갑자기 상상할 수 없는 깊고 긴 터널 속에 빠졌다. 깊은 늪에 발을 들여놓은 듯 나오려고 발버둥 치면 더 깊이 빠져들었다.

'언젠가 이 지옥같이 캄캄한 곳에서 빠져나갈 수 있겠지.' 하며 길을 찾으려고 하면 그럴수록 더 깊은 수렁으로 떨어지는 것 같았다. 모든 것을 체념한 듯 눈을 감고 한 발자국 한 발자국 걸어 나오니 희미한 불빛이 보였다. 그러나 그것은 밝은 희망의 불빛이 아니라 쓰디쓴 현실이었다.

여자 혼자서 사업을 한다는 게 그리 쉬운 일만은 아니었다. 눈 뜨고 있는데 코 베어 가는 사람이 있다더니 이제는 조금 일어설 수 있겠다 하는 순간 또다시 절망의 구렁텅이에 빠질 수밖에 없었다. 그때 나는 삶의 끈을 놓으려고까지 했었다. 그러나 내가 주저앉으면 아이들이며 지켜야 할 모든 것들도 함께 쓰러질까 봐 죽을힘을 다해 다시 일어나 뛰고 또 뛰었다.

그때 나에게 찾아와 가슴을 촉촉이 적시어 준 친구가 있었다. 외로울 때는 그윽한 향기로 내 마음을 달래주고 더울 때는 오아시스처럼 시원하게 해주며 추울 때는 따뜻하게 감싸주는 나의 유일한 친구. 일에 지쳐 입맛이 없고 온몸이 으스스할 때 따뜻한 커피 한 잔이 나의 유일한 진통제가 되곤 했다.

현실이 답답하고 소화가 되지 않아 힘들 때가 많았다. 그러면 일단 밥을 먹지 않는 것이 약이었다. 몸에 있는 상처만이 아닌 마음의 상처까지 어루만져주는 커피는 설탕과 크림을 더해 만병통치약이 되곤 했다.

그래서 지옥같이 검고 현실같이 쓰며 사랑같이 달콤한 커피에 중독되었는지 모르겠다. 이제는 내 생활에서 커피를 빼놓을 수가 없다. 오늘도 커피를 마시면서 지난 추억 속으로 빠져든다.

혼자서 길을 걷다

오랜만에 걷기 운동을 하려고 집을 나섰다. 목감천은 자전거가 다니는 길과 보행자를 위한 길로 나뉘어 있어 걷기에 좋다. 가을이 깊어 가는 계절이라 코스모스가 바람에 살랑이고, 활짝 핀 억새가 바람 소리에 사그락거렸다.

한참을 걷다 보니 등에서 땀이 나는 것 같아 웃옷 하나를 벗어 허리에 질끈 동여맸다. 혼자서 묵묵히 걷다가 바람에 실려 오는 낙엽 냄새에 위를 올려다보았다. 단풍이 아름답게 물든 가로수가 눈에 들어왔다.

사람들이 그곳으로 올라가서 걷는 듯 보였다. 나도 계단을 따라 그길로 올라갔다. 숨이 차서 고개를 드는 순간 '아!' 감탄사가 절로 나왔다.

도심 속에 이렇게 아름다운 길이 있다니. 달구지 하나가 다닐 수 있는 좁은 길 양쪽에 단풍으로 물든 나무들이 서 있었다. 아름답게 물든 단풍 터널을 이룬 그 길은 잘 다듬어져 있으나 포장되지 않은 흙길이었다.

노부부가 정답게 손을 잡고 서로 의지하며 오순도순 이야기를 나누며 걷고 있었다. 많은 사람의 다정한 모습을 보다가 무심코 언덕 아래를 내려다보았다.

'어! 누가 심었을까.'

호박 넝쿨이 언덕을 완전히 덮고 있었다. 그 호박 넝쿨에서 눈을 떼지 못한 채 걷던 걸음을 멈췄다. 늙은 호박이 외롭게 앉아 있는 것을 보자 나도 모르게 긴 한숨이 나왔다.

어릴 적에 할머니가 동글동글하고 예쁘게 생긴 애호박 하나를 따오신 적이 있었다. 어쩌다 살짝 스쳤는데 생채기가 났다. 그 호박을 보시더니,

'너는 꼭 이 애호박 같다.'

하시면서 내 별명을 애호박이라고 지어주셨다. 몸이 약한 나를 손톱으로 살짝만 눌러도 생채기가 나는 애호박 같다는 뜻에서 지어주신 별명이었다.

그때부터 나는 이름이 아닌 그 별명으로 불렸다. 친구들

이 나를 부를 때면 이름 대신 호박이라고 불렀다. 그러나 내 인생은 둥글둥글한 호박 같은 인생이 아니었다.

애호박일 때는 얼마나 예쁘고 귀한가! 요리할 때도 요모조모로 많이 쓰이고 맛도 있으므로 귀하게 대접받는다. 애호박이 어중간하게 자라면 값도 나가지 않는다. 늙은 호박이 될 때까지 사람들은 눈길도 주지 않는다. 인고의 세월을 묵묵히 보내야만 늙은 호박이 된다.

늙은 호박은 애호박의 몇십 배의 값이 나간다. 반질반질 윤이 나게 닦아 놓으면 누구든지 한 번쯤 들여다본다. 늙은 호박은 약용으로도 쓰이고, 식용으로도 쓰이기 때문에 가치가 있다.

꿈 많던 학창 시절부터 신혼 때까지는 애호박 같은 인생을 살았다. 애호박같이 애지중지 사랑받았다. 결혼할 때 귀밑머리가 파 뿌리가 되도록 백년해로하며 살자던 남편은 십 년도 함께하지 못하고 하늘나라로 갔다. 결혼 생활의 쓴맛도 채 알기 전에, 어쩔 수 없이 아이들을 친정으로 보내고 서울에 사는 동생 집으로 올라갔다.

고생 모르고 살아왔던 나에게는 버텨내기 힘든 나날이 시작되었다. 그러나 사는 일이 힘들 때마다 발등에 불똥이 떨어지면 뛰지 않는 사람 없고, 홍두깨로 치면 담 안 넘는 재주 없다는 그 말을 떠올리며 마음과 몸을 추슬렀다. 아이들만은 잘 키워야 한다는 각오로 몸이 부서지는 것 같은 아픔도 참았다.

몇 년 만에 아이들을 서울로 데려왔다. 단칸방이라도 같이 웃고 같이 먹고 같이 생활할 수 있다는 게 그렇게 행복할 수가 없었다.

그러나 여자 혼자서 아이들을 키운다는 게 그리 녹록지만은 않았다. 어미 닭이 병아리들을 데리고 마당으로 나가 한가로이 모이를 찾을 때, 갑작스런 솔개의 공격을 받으면 어미 닭은 깜짝 놀라 병아리들을 날개 밑으로 황급히 숨기며 꼬꼬댁 소리만 지른다. 내 삶은 그런 힘없는 어미 닭과도 같았다.

아무리 사랑을 주어도 아빠의 빈자리는 채울 수 없었다. 아빠 없이 자란 아이들이라는 소리를 듣지나 않을까, 항상 살얼음판을 걷는 것 같은 생활을 해 왔다.

그러나 아이들은 혼자서 묵묵히 걷는 내 모습을 보고 빨리 철이 들었나 보다. 아이들이 나의 버팀목이 되니 혼자서 걷는 길도 외롭지 않고 힘든지 몰랐다.

그러다 보니 이제는 윤이 나게 반질반질 닦아 놓은 늙은 호박이 되었다.

오늘도 나는 여전히 혼자서 길을 걷는다.

첫 산행

언니가 등산하러 가자고 했다. 이제 나이가 들어서 건강을 챙겨야 하고 등산이 건강 유지에 제일이라며 끈질기게 권했다. 건강에 자신 없는 나는 선뜻 나설 수가 없었다. 그러나 건강관리를 하지 않으면 자식들에게 짐이 될 수 있다는 생각이 들어 언니와 같이 등산하기로 약속했다. 언니는 잘 결정했다며 준비할 것이 있으니 내일 백화점 앞에서 만나자고 했다.

이튿날 약속 장소에 나온 언니는 손에 쇼핑백을 들고 있었다.

"언니, 벌써 쇼핑했어?"

언니의 작은딸 등산화가 나한테 맞는 사이즈라면서 조끼

도 가져왔다고 했다. 등산화를 신어 보니 딱 맞았다. 언니는 처음 등산하는 내가 힘들어 포기할 것으로 생각한 듯하다. 한두 번 산에 갈 것이면 돈 들여 사지 말고 우선 이것을 신어 보라며 가져온 것이다. 백화점에 들어가 등산용 바지 하나만 샀다.

처음 산행하는 날, 아침 일찍 일어나 도시락을 준비했다. 언니는 집에서 먹는 대로 가져오라고 했으나 야외에서는 뭐니 뭐니 해도 김치가 최고인데 햇김치가 없어 아쉬웠다. 며칠 전에 담근 고들빼기김치와 오이소박이가 있어 챙기고 어젯밤에 정수기 물을 끓여 냉동실에 넣어 두었던 것을 꺼냈다. 물을 바꾸어 먹으면 어김없이 배탈이 나는 체질이어서 집 밖을 나설 때는 항상 물부터 챙겼다. 등산 배낭에 필요한 것을 챙겨 담으면서 꼭 초등학생 때 소풍 가는 마음같이 설레었다. 혹시 비라도 오면 어쩌나 하는 걱정까지도….

과천 어린이대공원역에서 아홉 시 이십 분에 만나기로 했다. 서둘러 약속 장소에 도착했는데 언니와 일행들이 나를 기다리고 있었다. 언니 소개로 일행들과 인사를 나누고 청계산을 향해 출발했다. 일곱 명이 삼십여 분간 서로 이야기도 나누며 여유 있게 걸었다.

일행은 약수터에서 물을 마시고 언니가 가져온 과일을 나누어 먹었다. 잠시 쉬었다가 다시 정상을 향해 출발했다. 산에 오르다 보니 삼삼오오 팀을 이룬 등산객, 가족들과 함께 등산하는 사람들이 의외로 많아 놀랐다. 이제껏 나 혼자만 산을 외면하고 살았구나 하는 생각에 부끄러움마저 들었다.

산 중턱쯤 올랐을까. 힘에 부친 내가 점점 뒤로 처지기 시작했다. 거친 숨을 몰아쉬며 나무를 잡고 바위를 당기며 기어올랐다. 땅만 보고 걷다 보니 그만 일행을 놓치고 말았다. 핸드폰으로 언니를 찾았을 때, 벌써 위에 도착해서 기다리고 있으니 조금만 더 올라오라고 했다. 그냥 내려갈 수도 없어 엄금 양금 기다시피 해서 겨우 휴식 장소에 도착했다. 일행들은 둘러앉아서 과일을 먹으며 나를 기다리고 있었다.

"힘들어서 어떡해?"

일행들이 비지땀을 흘리며 올라오는 나에게 걱정과 위로를 해주었다.

잠깐 휴식 후, 다시 정상을 향해 출발했다. 주위를 돌아볼 여유도 없이 일행을 따라가기 바빠 쩔쩔매다가 또 놓치고 말았다. 그들을 따라잡으려고 부지런히 오르다 보니 어지럼증이 들어 정신이 아찔했다. 엎친 데 덮친 격으로 다리에 쥐가 나서 꼼짝할 수가 없었다. 땅바닥에 철퍼덕 주저앉아 종아리를 주무르며 앞서간 언니한테 전화했다.

"언니, 나 더는 못 올라가겠어. 그냥 내려갈래."

"그러면 혼자서 내려갈 수 있겠니?"

나는 내려갈 수 있다며 언니한테 정상까지 잘 다녀오라고 했다. 앉아서 시계를 보니 이제껏 두 시간쯤 올라온 것 같았다. 살랑살랑 부는 바람에 땀을 식히고 일어섰다. 마음을 느긋하게 먹고 천천히 내려가야지 하며 아픈 다리로 어기적어기적 걷기 시작했다. 그때 뒤에서 누군가

"여사님!"

나를 부르는 소리에 문득 돌아보니 아까 언니가 인사시켜 준 일행 중의 한 분이 내려오면서 같이 가자고 했다. 이렇게 반가울 수가! 구세주를 만난 것 같았다. 그분도 힘들어 정상을 포기하고 내려오는 중이라 했다. 언니한테 혼자 내려갈 수 있다고는 했지만, 사실은 초행길이라 길을 잃으면 어쩌나 걱정했는데 같이 내려갈 수 있는 길손이 있어 안심되었다. 둘이 말없이 걷기 시작했다. 그분이 앞서가다가 뒤를 돌아보고 내가 뒤처지면 기다려 주었다. 그렇게 반복하면서 청계사까지 함께 내려왔다.

절 근처에서 점심을 먹고 가자며 배낭에서 도시락을 꺼냈다. 고개를 돌려보니 절 마당에 사람들이 줄을 서 있는 모습이 눈에 들어왔다. 그분이 말했다.

"우리도 여기 절에서 주는 밥을 얻어먹고 가요."

절 음식을 먹어 본 적이 없는 내가 망설이고 있는 나에게 "절밥도 맛이 좋다."며 내 손을 잡아끌었다. 식판에 밥 한 공기와 시래기 된장국. 무 몇 조각인 깍두기와 김치를 담아 주었다. 난생처음 먹어 보는 절밥이었다. 밥을 먹으려고 줄을 선 사람들이 어찌나 많은지 신기하기까지 했다. 아무튼 국물을 한 숟가락 떠서 먹어 보니 맛이 일품이었다. 아침에 밥을 먹는 둥 마는 둥 하고 집을 나왔으니 배가 고프기도 했지만 절밥이 그야말로 꿀맛이었다. 국물을 먼저 마시고 더 달라고 했더니 국을 떠주는 아주머니가

"맛있으세요?"

미소를 지으면서 국물을 가득 담아주셨다. 가져간 도시락은 손도 대지 않고 그냥 배낭 속에 다시 담아야 했다. 커피 자판기에 가서 커피를 한 잔씩 뽑아 들고 물이 흐르는 계곡 바위에 앉았다. 달콤한 커피 맛에 취해 대화를 나누다 보니 삼십 분이 훌쩍 지났다. 흐르는 물에 지친 피로를 던져 버리

고 배낭을 짊어지고 일어섰다.

올라갈 때는 몰랐는데 내려올 때 보니 왜 그리 계단이 많은지 내려올 때가 더 힘들었다. 내려오는데 조금 평지다 싶으면 가파른 계단이 또 앞을 막았다. 울음 섞인 소리가 내 입에서 저절로 나왔다.

"아이고! 또 계단이네."

"글쎄요. 나도 이렇게 계단이 많은지 몰랐네요."

나는 다리를 부들부들 떨며 온 힘을 다해 간신히 내려왔다. 같이 내려오면서 챙겨주며 기다려 주던 그분이 그러는 내가 얼마나 답답했을까? 그래도 그런 내색 없이 산 아래까지 나와 동행하며 보살펴주셨다. 산을 다 내려왔을 때는 한 발자국도 옮기기 힘들었다. 다행히도 그분이 차를 대공원 근처에 세우고 왔던 터라 승용차로 집까지 태워주었다. 오늘 처음 만난 인연인데 너무 큰 신세를 진 것 같아 죄송하면서도 고마웠다.

나의 첫 산행은 정상까지 오르지 못했다. 더구나 몸살로 이틀 동안 자리에 누워 끙끙 앓는 혹독한 대가를 치르고 말았다. 그렇지만 더 값진 두 가지 깨달음을 얻었다. 그 첫 번째는 처음 만난 분이 나에게 베풀어준 마음이다. 돈을 주고도 얻지 못할 타인에게 베푸는 배려를 그분을 통해서 배웠다. 두 번째 깨달음은 가능성이다. 등산해 보지도 않고 겁을 먹고 산행을 포기하고 살아왔는데 죽기를 각오하고 산을 오르니 산 중턱까지는 올라갈 수 있었다.

첫 산행에서 절반은 성공한 셈이다. 하면 된다는 가능성도 발견했다. 앞으로 미리 겁먹지 않고 산행을 계속할 것이다. 그러면 언젠가는 일행과 함께 정상을 오르는 기쁨을 맛볼 수 있는 날이 오지 않을까.

그렇게 혹독한 첫 산행을 치러서일까. 난 그 후로 우리나라의 백두대간을 완주했다.

손을 내밀면

커피잔을 들고 거실의 커튼을 젖혔다. 창밖에 함박눈이 내리고 있었다. 잔에서 피어오르는 커피 향을 맡으니 옛날 국기봉에서의 추억이 되살아났다.

건강이 좋지 않아서 높은 산은 오르지 못하고 집에서 가까운 관악산으로 등산하러 갔다. 국기봉에 오르는 것은 엄두가 나지 않아 깔딱고개 앞까지만 갈 계획이었다. 고개로 올라가는 등산로에서 풍기는 잣나무 향기가 기분을 상쾌하게 했다. 잣나무 숲길을 지나면 바로 깔딱고개, 그 앞까지 가서 정상의 국기봉을 바라보았다.

'나는 언제 저곳에 올라가서 깃발을 한번 만져보고 올까?' 하는 생각에 정상까지 다녀오는 사람들이 부럽기만 했다.

그날은 온 힘을 다하여 깔딱고개를 넘었다. 힘이 들어 좀 쉬다가 집으로 내려오려고 바위에 앉았다. 커피를 타려고 하는데 뒤따라온 주부들이 내 옆자리에 앉아 이야기하면서 자기들이 가지고 온 과자며 과일을 먹고 있었다. 한 주부가 말했다.

"아, 왜 이리 커피 냄새가 구수하지?"

나는 항상 여유 있게 커피를 가지고 다녔으므로 그들에게도 권했다.

"아유, 고마워요. 감사히 마실게요."

커피 한 잔으로 우리는 대화가 이어졌다.

"어디까지 가세요?"

그들은 그 험한 제일 국기봉을 지나 제이 국기봉, 그리고 더 멀리에 있는 암자까지 간다고 했다. 나는 부러운 눈길로 그들을 바라보았다.

'이렇듯 순수하고 건강한 주부들과 함께하면 얼마나 좋을까?'

그런 내 마음을 읽기라도 한 것처럼 한 주부가 물어왔다.

"같이 갈까요?"

나는 속으로 제일봉도 못 가는 데 하고 주저하면서 용기를 냈다.

"그래요. 한 번 따라가 볼게요."

자신 있게 따라나섰지만 얼마 못 가서 내 가방은 다른 사람이 메고 있었다. 비 오듯이 쏟아지는 땀을 닦으면서 앞에서 잡아당기고 뒤에서는 밀어주어 드디어 제일 국기봉에 올랐다. 내가 국기봉에 올라왔다는 사실이 믿기지 않았다. 바람에 펄럭이는 태극기를 쳐다보며 외쳤다.

"야호! 나도 드디어 관악산 국기봉에 왔다!"

그 이후로 등산할 때 커피는 내가 항상 챙겨 가지고 갔다. 그래서 일행들은 나를 '커피 언니'라고 불렀다. 처음에는 일행들과 같이 다니는 것이 힘들었다. 그들과 산행할 때면 온몸이 땀으로 젖었고 다리는 힘이 풀려 걷기가 어려웠지만 뒤처질세라 앞 사람 발뒤꿈치만 보고 걸었다. 매주 화요일과 목요일에 만나 등산을 하다 보니 한 달여가 지났다. 그 후부터는 다리에 힘이 실리고 호흡도 가쁘지 않아 그제야 경관도 눈에 들어오고 다소 여유가 생겼다.

시간이 지나 우리는 산악회를 만들었다. 눈이 오나 비가 오나 매주 화요일과 목요일에는 빠지지 않고 산에 오르기로 약속했다. 그래서 이름을 '관악화목 산악회'라고 했다.

그 험한 관악산을 열심히 다녀서 체력을 단련시켜서일까. 산에 가는 날은 내가 먼저 앞장을 섰다. 이제 산봉우리도 서너 개쯤은 거뜬히 넘을 수 있는 체력이 생겼다.

꾸준히 산에 다니던 어느 날이었다. 눈이 올 것 같다며 관악산은 바위가 많아 위험하니 가지 말자고 하는 친구들이 있었으나 강행하기로 했다. 우리 다섯은 철저히 무장하고 출발하였다. 마스크 사이에서 입김이 위로 올라와 안경에 김이 서렸다. 나는 마스크를 벗고 살을 에는 듯 매서운 칼바람을 민얼굴로 맞았다.

산 중턱, 우리만 쉴 수 있는 곳까지 갔을 때 눈이 내리기 시작했다. 날씨 탓인지 등산객이 없어 정상까지 가는 사람은 우리 일행뿐이었다. 국기봉까지 올라갔을 때 함박눈이 펑펑 쏟아지고 있었다. 온 산이 순식간에 하얀 세상으로 변하고 나뭇가지에는 목화송이 같은 탐스러운 눈꽃이 소복소복 피었다.

우리는 함박눈을 맞으며 보온병에 담아간 따뜻한 물에 커피를 탔다. 어느새 커피에서 올라오는 향긋한 내음이 국기봉에 퍼졌다. 커피를 마시며 우리들의 얼굴에도 웃음꽃이 활짝 피었다.

그렇게 산에 다니면서 건강을 다시 찾고 보니 힘든 일도 척척 해낼 수 있게 되었다. 아들은 엄마가 강해졌다며 '슈퍼우먼'이라고 놀렸다. 나는 아들이 기뻐하는 모습에서 삶의 의욕을 찾았다.

처음 만난 분들에게 커피 한 잔을 건넨 인연이 나를 이렇게 변화시켜 줄 것이라고는 상상도 하지 못했다. 좋은 사람들과 만나고 건강을 되찾을 수 있었던 것은 먼저 다가가 손을 내밀었기 때문이다. 손을 내민다는 것은 마음을 트는 일이지 않을까. 내가 건넨 커피 한 잔은 곧 마음을 여는 일이었고, 그들은 내 마음을 기꺼이 받아 주어 좋은 친구들이 되었다. 그래서 아름다운 추억을 만들 수 있었다.

나는 지금도 커피를 마실 때면 국기봉에 펄펄 내리던 함박눈이 생각난다. 그 안에서 아름다운 세상과 따뜻한 우정이 커피 한 잔과 어우러졌던 그때가. 지금은 뿔뿔이 헤어져 사는 우리, 언젠가는 만나게 되리라.

함박눈이 내리는 날에는 국기봉에 다시 오르고 싶어진다.

준기 엄마

25년 전 어느 일요일이었다. 교회를 다녀오는데 이삿짐을 올리는 사다리를 앞집 창문에 걸쳐놓고 짐을 올리고 있었다. 앞집이 어제 이사했으니 다른 분이 이사 오나보다 생각하며 엘리베이터를 타고 우리 층에서 내렸다. 앞집에서 왜소한 젊은 새댁이 나를 보고 냉큼 다가와 인사를 했다.

"안녕하세요? 1003호에 사시는 사모님이시죠? 1004호로 이사 오는 준기 엄마예요."

"그래요! 반갑습니다. 이사를 하느라 수고가 많네요. 그런데 어떻게 내가 1003호에 사는 줄을 아세요?"

"계약하러 왔을 때 전 주인한테 사모님에 관한 얘기를 대충 들었고 그때 얼핏 사모님을 봤습니다."

전 주인에게 아직 애들이 어리고 개구쟁이 사내만 둘이라서 소란을 피우면 행여나 앞집 사모님께 불편하게 할까 봐 무척 걱정된다고 했다나. 그런 걱정은 안 해도 될 거라고 하시면서 우리 집 정보를 귀띔해 주시더란다. 1003호 아주머니는 매일 자기 사무실에 나가며 아들과 딸, 둘이 있는데 모두 대학교에 다닌다고 했단다. 애들이 좀 수선을 피워도 그 집 자녀들이 성숙하고 너무 착해서 이해할 것이라는 말도 덧붙였다고 했다. 이어서 새댁은 혹시라도 저의 애들이 소란을 피우더라도 좀 이해하여 달라고 나에게 머리를 몇 번이나 숙였다.

"그런 걱정은 말고 앞으로 이웃 간에 잘 지내자며."라며 손을 잡아주었다. 방으로 들어오면서 예의 바르고 남을 배려하는 마음이 깊은 새댁이라는 생각이 들었다. 내 막냇동생과 같은 또래여서 호감이 가며 더 관심이 갔다.

며칠 후 저녁 초인종 소리에 나가 보았더니 앞집 새댁이 묵직한 검정 비닐봉지를 내밀었다. 금방 밭에서 뽑은 것처럼 싱싱한 풋마늘과 풋고추였다.

"어제 시골에서 가져왔어요. 함께 나누어 먹고 싶어서 가져왔네요."

수줍게 내미는 손길이 어찌 예쁘고 고맙던지 나도 새댁의 손을 붙잡았다.

"고마워요! 잘 먹을게요. 차 한 잔 마시고 가요. 나는 항상 바빠서 이렇게 살아요."

우리는 식탁에 앉아 차를 마시며 이야기를 나누었다.

"새댁 집 아이들이 참 잘 생겼고 건강해 보여서 좋아요. 엄마는 몸이 약하게 보이는데…."

"네, 저의 아이들은 무엇이든지 가리지 않고 잘 먹어요."

우리 아이들은 어려서부터 잘 먹지를 않아서 성화였다. 지금도 입이 까다로워서 항상 신경 쓰고 있어서 부러운 생각마저 들었다.

"얼마나 좋아요? 뭐든지 가리지 않고 잘 먹으니."

"참 사모님, 자녀들은 둘 다 좋은 대학 다닌다고 이사 간 전 주인이 말씀하시던데요. 참 부럽네요. 사모님, 저도 사모님께서 운영하는 사무실에서 일 좀 할 수 없을까요?"

일자리를 부탁해 왔다.

"어쩌나! 제 사무실은 남자 직원과 시각 디자인과를 나온 아가씨들만 일하는 곳이라서…."

"그래요, 그럼 안 되겠네요."라면서 새댁은 일어섰다. 그

녀의 절박한 처지를 받아 주지 못해 보내고 나서도 한참이나 가슴이 먹먹했다.

그 후 얼마쯤부터 준기 엄마는 새벽에 우유 배달을 한다고 했다. 일자리 부탁을 못 들어준 미안한 마음이 그제야 편안해졌다. 그래서 나도 우리 아이들이 먹을 우유를 배달해 달라고 주문했다.

그렇게 시작해서 우리는 멀리 있는 친척보다 더 가깝게 지내며 언니, 동생으로 부르며 지냈다. 서로 음식도 나누어 먹고 명절 때는 작은 선물도 주고받으며 지냈다.

새댁은 아이들이 소풍 갈 때 김밥을 싸면 꼭 세 줄을 가져왔다. 우리 세 식구가 한 개씩 먹고 출근하라고 가져다주었다. 정말 고마웠다, 얻어먹기만 하고 보답할 기회가 없어 항상 미안했다. 난 늘 바쁘므로 간식을 만들어 먹는 날이 별로 없었다. 그러나 아이들 생일과 내 생일은 꼭 챙겼다. 동짓날, 동지팥죽도 쒀먹고 정월 대보름날 나물과 오곡밥을 했다. 그럴 때는 앞집 몫까지 만들었다.

마음을 나누다 보니 어느새 정이 흠뻑 들었다. 내가 바빠서 며칠 동안 새벽에 출근하고 저녁 늦게 퇴근하면 김치부침개를 만들어서 벨을 누르곤 했다.

그해 여름이었다. 시골에 사시는 준기 할아버지와 할머니께서 와 계셨다. 준기 엄마가 보이지 않기에 할머니께 물었다.

"아기 엄마는 어디 갔나요?"

"네, 우리 며느리가 병원에 입원했어요."

하면서 말꼬리를 흐리셨다. 한 달 전까지만 해도 건강하게 잘 다녔는데 병원에 입원했다니 놀라지 않을 수 없었다.

"어디가 아파서 입원했어요?"

"유방암 2기라서 림프샘까지 절제 수술을 하고 병원에 있는데 내일 퇴원한다고 하네요."

준기 엄마가 퇴원했다기에 밤이 늦었지만, 전날 해놓은 음식을 쟁반에 담아서 찾아갔다. 준기 엄마의 수척한 얼굴이 안쓰러웠다. 항암제를 투여했는데 아직은 머리는 빠지지 않고 초췌해진 모습이었다.

이제야 알고서 찾아와 미안하다는 사과부터 했다. 지금은 의학이 발달해서 항암제 치료를 잘 받으면 빨리 완쾌될 것이라고 위로했다. 집으로 왔어도 항암제 치료를 받을 때마다 얼마나 고통스러울까 하는 생각에 마음이 편치 않았다. 준기 엄마가 빨리 완쾌하기를 바라며 날마다 바쁜 시간을 쪼개어 준기네 집을 들락거리며 챙기고 희망을 잃지 않도록 다독여 주었다.

봄이 지나고 여름이 올 때쯤 준기 엄마가 다시 우유 배달을 시작하였다. 다행히 수술과 치료가 잘되어 준기 엄마는 빨리 건강을 되찾은 것이었다.

10년쯤 준기 엄마와 그 아파트에서 잘 지내다 우리는 다른 곳으로 이사했다. 이사하던 날 준기 엄마는 나를 붙잡고 언니가 가버리면 나는 어떻게 사느냐며 눈물을 흘렸다. 그간 간간이 전화로 소식을 물으며 지내왔는데 바쁘게 살다 보니 그 연락마저 끊어지고 말았다.

수없이 해가 바뀌었다. 준기 엄마가 생각나 수소문하여 전화번호를 알아내 연락했다. 이사 왔을 때 유치원에 다니던 준기는 지금 대학을 졸업하고 직장에 다니고, 아장아장 걷던 둘째는 군 복무를 마치고 대학에 복학했다고 했다. 준기 엄마도 지금 도서관에서 기간제 공무원으로 일하고 있다고 했다.

"이렇게 된 것이 다 언니가 신경 써 주고 기도해 준 덕이지요. 시간 내서 찾아뵙겠어요."

전화기 속으로 들리는 준기 엄마 목소리가 씩씩했다. 소소한 일상 속에서 내 일처럼 생각하고 작은 관심을 둔 것이 그녀에게는 큰 힘이 되었나 보다. 준기 엄마가 행복하게 살고 있다니 내 마음도 넉넉해졌다.

2

아버지의 전화

내 생일 날
정확히 새벽 다섯 시 십 분이면 전화벨이 울렸다.
수화기를 들고 말을 꺼내기도 전에 아버지 목소리가 들렸다.
"아버지다. 미역국 끓여 먹고 출근해라."
이 말 한마디 하시고 내가 대답하기도 전에 전화를 끊으셨다.
남편도 없이 혼자 사는 작은딸이
얼마나 안쓰럽고 마음이 아팠으면 그리하셨을까.
처음 그런 전화를 받던 생일날 아침엔
코끝이 찡하고 눈물만 나왔다.
-본문 중에서

귀뚜라미

나는 귀뚜라미 소리를 좋아한다.

어릴 적 무더운 여름이 지나가고 서늘한 바람이 불어오는 밤이면 어김없이 집안 곳곳에서 귀뚜라미 소리가 들리곤 했다. 귀뚜라미 소리에 이미 가을이 오고 있음을 알아차리게 된다. 그래서 사람들은 귀뚜라미를 가을의 전령사라고 하는가 보다.

깊은 밤, 귀뚜라미 소리를 듣고 있노라면 내 마음은 들뜨고 기대감에 벅찼다. 가을이 오면 농촌은 더욱 풍요롭다. 이제 조금만 기다리면 달콤한 사과며 감, 배, 밤과 고구마도 실컷 먹을 수 있다는 희망에 마음은 한껏 부풀어 오르며 저절로 신이 났다.

어느 여름날, 거실에서 복숭아를 먹고 있는데 귀뚜라미 한 마리가 날아와서 딸아이 손등에 앉았다. 딸은 비명을 질렀다. 손에 달라붙은 그 녀석을 털어내면서 질겁을 했다. 그 모습이 얼마나 귀엽던지 나도 모르게 웃고 말았다.

"엄마 무서워! 빨리 좀 쫓아줘!"

손등에 붙은 귀뚜라미를 쫓으면서 달랬다.

"귀뚜라미가 예쁜 네 손에 있는 복숭아가 먹고 싶었나 보다."

"왜 하필 내 손에 앉아, 예쁜 곤충도 아니면서."

"글쎄 우리 딸 손이 예뻐서 그랬다니까."

나는 어려서부터 곤충을 보며 함께 어울리고는 했다. 친구들과 산으로 들로 쏘다니며 곤충을 잡아서 놀았다. 장난감이 없는 때라서 그런 것들은 우리들의 유일한 놀잇감이 되었다.

요즈음 아이들은 작은 벌레와 곤충을 보고도 놀라며 무서워한다. 자라온 환경 탓일 거다. 어쩌면 딸이 한 번이라도 본 곤충이라면 반응이 달랐겠지. 연두색 날개를 가진 여리고 예쁜 귀뚜라미였으면 딸아이는 그렇게 소스라치게 놀라지 않았을지도 모른다. 오히려 귀엽다며 이렇게 반응하지 않았을까.

"어머, 예쁜 귀뚜라미가 우리 집에 놀러 왔네."

새까맣고 처음 보는 귀뚜라미가 방에서 이리저리 뛰어다니는 게 겁이 나서 빨리 밖으로 내보내라고 말했을 것이었다.

저 녀석이 나와서 설쳐댈 계절도 아닌데. 여름에 어디서 이곳까지 와 소란을 피우는지 모를 일이었다. 그 녀석을 잡으려고 하니 가만히 좀 있으면 좋으련만 폴짝폴짝 뛰면서 방을 휘젓고 다녔다. 잡으려고 다가서면 금세 주방 식탁 아래로 들어가 버렸다. 그곳에서 나와 거실의 텔레비전 위에 앉아 고개를 기웃거렸다. 어디 한번 잡아보라는 듯 나를 물끄러미 쳐다보며 팔굽혀펴기 운동을 하듯 몸통을 놀렸다. 얼른 손바닥으로 덮치려 하니 냉큼 냉장고 밑으로 숨어버리는 게 아닌가. 다시 나와 에어컨 밑으로, 문갑 위로 올라서 내 지갑으로 들어가더니만 영 나오지를 않았다. 지갑을 제집으로 알고 들어앉은 모양이다. 귀뚜라미와 실랑이를 하는 내 모습에 웃음이 나왔다. 그 녀석을 잡아 밖으로 내보내는 것을 포기하고 말았다.

할머니가 들려준 이야기로는 귀뚜라미는 유식한 곤충이

라고 했다. 남보다 먼저 아는 체하는 사람을 '칠월 귀뚜라미 같다'라는 말도 있다고 하셨다. 잠귀가 밝으면 '귀뚜라미 귀 같다'는 말이 있는 걸 보면 귀가 밝은 곤충이 틀림없는 것 같았다.

남편이 있을 때는 저녁에 잠이 들면 업어 가도 모르게 깊은 잠을 자곤 했다. 남편을 잃은 뒤부터는 책임감 때문인지 내 귀도 귀뚜라미 귀가 되어 자식들을 챙겼다. 밤낮을 가리지 않고 아이들에게 눈과 귀를 기울이며 정신 바짝 차리고 살아왔다. 귀뚜라미는 내게 자식들을 성장시키는데 지혜를 알려준 고마운 곤충이었다.

밤이 되어 피곤이 몰려와 침대 이불을 젖히니 귀뚜라미가 그 속에 있다가 놀랐는지 침대 밑으로 숨어버렸다.

'그래, 오늘 저녁은 너와 한방에서 함께 자자꾸나.'

아침에 일어나 그 녀석을 찾아보았지만 보이지 않았다.

'인정머리 없는 녀석! 가려면 인사나 하고 갈 것이지.'

혼자서 중얼거리며 아쉬움을 떨칠 수 없었다. 이제껏 우리 집에서 동거하는 사람이 우리 세 식구뿐이라 생각했는데 귀뚜라미를 보고서 함께 동거하는 것들이 많다는 것을 새삼 느끼게 되었다. 보는 시야를 넓히고 생각을 바꾸면 많은 것을 볼 수 있다. 베란다 구석에 집을 짓고 사냥감을 기다리는 거미, 문지방 아래로 바쁘게 기어가는 작은 개미, 화장실 습한 구석에 사는 벌레, 어두운 밤이면 옷장 밑에서 바스락거리는 바퀴벌레도 종종 볼 수 있었다.

 그들과 이제껏 함께 동거하면서도 우리 집에서는 우리 가족만 함께 살고 있다고 생각해 왔다. 오늘 귀뚜라미를 보고 우리 집에서 함께 동거하는 친구들이 참 많다는 것을 알았다. 그들과 어떻게 타협하고 소통하며 살 것인지 고민해 봐야겠다.

기억 속의 할머니

딸이 전화했다. 여섯 살과 세 살 난 외손자가 주말만 되면 외갓집에 가자고 한다나.

"그래, 그러면 내일이 토요일이니까 오너라."

이튿날 아침 일찍 휴대폰이 울렸다. 딸아이였다. 나는 아이들이 아파서 못 온다는 전화인 줄 알고 걱정스러운 마음으로 받았다. 그런데 휴대폰 너머에서 큰손자가

"외할머니, 나 지금 외갓집에 가도 돼요?"

손자의 힘찬 목소리가 폰에서 흘러나왔다.

"그럼, 빨리 와."

딸이 어제저녁에 아이에게 내일 외갓집에 놀러 가자고 했는데 녀석이 아침 일찍 일어나서 밥도 먹지 않고 외갓집에

가자며 떼를 쓰고 있단다.

　오늘은 반갑기만 한 외손자들과 맛있는 것도 해 먹고 종일 블록 쌓기, 기차놀이, 책 읽어주기, 텔레비전에서 어린이 만화 보기 등을 하다가 손자들이 답답해하는 것 같아 마트에 가서 아이스크림도 사 먹으며 즐겁게 지냈다.

　사위가 너무 늦었다며 집에 가자고 하니 큰손자는 안방으로 도망가고 작은 손자는 떼를 쓰며 자고 가겠단다. 그러는 외손주를 보면서 나는 너무 흐뭇했다. 외할머니인 날 이렇게 좋아하다니. 문득 옛날 우리 할머니 생각이 났다.

　나도 할머니를 무척 좋아했다. 식구들이 나를 다리 밑에서 주워 왔다고 해서 정말 우리 어머니는 친어머니가 아닌 줄 알았다. 여섯 살쯤 때였다.

　어느 날인가 부엌에 들어가서 찬장 문을 열고 소쿠리에 할머니 은수저와 내 수저와 밥그릇, 국그릇, 종지 등을 모두 두 개씩 챙겨서 나왔다. 그리고 할머니를 졸라댔다.

　"할머니 우리 나가요. 우리 엄마 찾으러 가요. 아니면 아버지한테 방 얻어달라고 해서 우리끼리 살아요."

　할머니는 어이없다는 듯 나를 바라봤다. 나는 할머니가 안 계시면 못사는 줄 알았다. 지금 생존해 계시면 백삼십오

세쯤이시다. 그런데도 할머니는 언제나 시대를 앞서가는 사고방식으로 사셨다.

언제부터였는지 잘 모르겠으나 할머니께서 중풍으로 십여 년을 고생하셨고, 왼쪽 팔다리가 약간 불편하셔서 지팡이를 짚고 다니셨다. 그러나 할머니께서는 어디 못 가시는 곳이 없었고 집안에 일이 있어 장을 보러 갈 때도 사람을 데리고 시장을 직접 다녀오곤 하셨다.

항상 앞가르마에 동백기름을 바르고 단정하게 쪽 찐 머리에 은비녀를 꽂고 다니셨다. 우리가 왜 금비녀를 안 하시느냐고 물으면 몸이 불편하므로 나쁜 사람 만날까 봐 그렇다고 하셨다.

할머니는 손주들 사랑하는 마음이 지극한 분이었고, 교육열 또한 높으셨다. 우리 부모님 슬하에 연년생 형제가 많다 보니 자연 할머니께서 나를 키우셨다. 더구나 몸이 약한 나를 손수 병원에 데리고 다니셨다. 내가 아플 때는 그렇게 극진히 간호하여 애지중지하다가도 몸이 완쾌되면 언제 그랬나 싶을 정도로 엄하셨다.

내 옆에서 주무시다가 이른 새벽마다 나를 깨우시곤 했다.

"일어나거라, 일어나서 공부해라. 맑은 정신에 공부해야 잘 된다."

딱 두 번만 말씀하셨다. 내가 잠에서 깨어나지 않으면 이불을 확 걷어버리고 내 엉덩이를 찰싹 때리셨다. 내가 깜짝 놀라 일어나면 밖에 나가서 맑은 공기 마시고 정신 차려서 공부하라고 하시면서 방문을 활짝 열어젖히셨다.

어떤 날은 몸 상태가 좋지 않아 졸려서 공부가 안된다고 하면 할머니는 내 이마도 짚어보고 손목을 잡고 맥도 짚어 보셨다. 등도 두드려 주다가 내가 꾀병을 부린다는 것을 알면 눈물이 쏙 빠지게 혼을 내셨다. 정말 몸이 안 좋은 것 같으면 걱정스럽다며 푸념하셨다.

"너는 몸이 약하니 공부를 많이 해서 좋은 곳으로 시집가 고생을 안 하고 살아야 하는데 왜 이렇게 시원치가 못하니…."

결국 할머니는 선반에서 꿀단지를 내리셨다. 그리고 꿀 한 숟가락을 떠먹이며 더 자라고 이불을 덮어 주셨다. 나는 그렇게 할머니 걱정을 끼치는 손녀였다.

학교에서 시험 볼 때는 긴장하게 마련이다. 그러면 할머니는 벌써 눈치를 채셨다.

"오늘, 시험 보는 날이구나. 그러면 과목별로 시험 보는 단원을 눈감고 펴 보아라. 그리고 거기를 열심히 공부해라."

정말 할머니 말씀대로 족집게같이 그 단원에서 시험문제가 나오곤 해서 신기했다. 중학교 입학시험 보는 날 나도 모르게 일찍 일어났다. 세수하고 책을 뒤척이고 있는 나에게 할머니가 "눈을 감고 손에 잡히는 쪽을 펴서 읽어 봐."라고 하셨다. 그때의 그 문제를 지금도 잊을 수 없다. 지문이 꽤 길었다.

'설마, 이런 문제가 나올까.'

나는 의심이 들었지만, 끝까지 읽고 문제를 풀었다. 그런데 시험장에서 문제지를 받고 깜짝 놀랐다. 집에서 공부한 지문에서 다섯 문제가 나왔는데 다 맞추었다. 시험이 끝나고 얼마나 신기하던지, 집에 와 식구들 앞에서 자랑했다. 그러나 중학교에 들어가서는 그런 방법이 안 통했는지 잘 맞지를 않았다. 내가 노력한 만큼만 성적을 거둘 수 있다는 것을 깨달았다.

다른 할머니들은 딸들은 공부시키지 말라고 하셨지만, 우리 할머니는 "여자들도 공부를 많이 해야 남편 내조를 잘할 수 있어."라고 하면서 손자 손녀 구별하지 말고 공부시키라고 하셨다. 또 예절 교육은 말할 것도 없이 엄격하게 가르치셨다. 절하는 법, 앉는 법, 어른들께 말하는 법까지….

할머니는 말씀도 잘하셨다. 할머니의 가르침은 모든 것이 소중했다. 또 우리 할머니는 솜씨도 참 좋으셨다. 비단 주머니에 봉황을 수놓으면 살아서 움직이는 것 같았다. 누가 결혼을 앞두고 폐백 음식을 만들어 달라고 하면 닭을 가지고 맵시 있게 모양을 잡았는데 참으로 예쁘고 생동감이 넘쳤다. 또 마른오징어를 가지고 봉황, 꽃, 나무, 새 등을 정교하게 오려서 만드셨다. 할머니께서 살아 계신다면 분명 무형문화재 몇 호쯤 되셨을 것 같다.

할머니는 선견지명이 있었나 보다. 내가 이렇게 될 줄 알고 그렇게 공부를 많이 하라고 하셨나? 만일 공부를 안 했으면 지금 내가 이 자리까지 오지 못했을 것이다. 그러면 우리 아이들은 어떻게 되었을까. 할머니는 나를 진정으로 사랑하는 스승이셨다.

내 기억 속의 우리 할머니는 참 멋쟁이셨다. 할머니와의 추억 속에서 나는 항상 동백기름 냄새와 마르고 쭈글쭈글했지만 따스한 손길을 느꼈다. 그리고 지금까지 기억에 남아 있는 가르침을 그리워할 때가 있다.

나는 우리 할머니처럼 그렇게 멋쟁이는 아니다. 그렇지만 후일 손자들의 기억 속에 남는 할머니 작가가 되기 위해 오늘도 열심히 컴퓨터 자판을 두드린다.

냉잇국

 아들과 사위가 개운한 것이 없느냐며 물었다. 명절 끝이라 된장국을 끓일까? 냉이된장국을 끓여 먹자고 했더니 좋다고 했다.

 냉이를 사러 시장으로 갔다. 진열된 냉이 이파리는 하얀 눈과 겨울 추위를 이기느라 거뭇거뭇한 것이 조금 질긴 듯 보였다. 그러나 굵고 하얀 뿌리가 실한 것이 소복이 쌓여 있어 한 근을 샀다.

 아들이 잘 먹지 않던 냉잇국이 맛있다며 더 달라고 했다. 어제저녁에 냉이된장국을 먹었기 때문에 오늘 아침에는 무엇을 먹을까 생각 중이었는데 아들이 물었다.

 "혹시 어제저녁에 먹은 냉잇국 있어요?"

나는 속으로 깜짝 놀랐다. 아무리 좋아하는 음식이라도 두 번 상에 오르면 절대로 손도 안 대는 아들인데 어쩌려고 어제저녁에 먹은 국을 또 먹는다고 하나 싶었다.

'그래, 나야 좋지.'

속으로 중얼거리며 남은 국을 데워 주었다. 너무나 맛있다며 저녁에도 먹고 싶다며 더 있느냐고 했다. 냉이가 몸에 좋은 줄은 아나 보다.

봄이 오면 들판에 널려있는 게 냉이다. 겨울 냉이는 얼었다 녹기를 반복하는 땅에서 자란다. 그래서 대부분 잎이 시들었고 고갱이만 약간 남았다. 겨울 냉이는 뿌리가 길고 굵으며 좋은 성분이 고루 들어있다. 그래서 냉이가 우리 몸에 좋은지 모른다. 줄기가 자라기 시작하면 뿌리에 딱딱한 심이 생기고 국을 끓이면 약간 쓴맛이 난다. 이것은 뿌리의 영양분이 싹으로 올라왔다는 증거이리라.

어릴 때, 어른들은 설이 지나고 정월 대보름 사이에 봄 나물국을 세 번 끓여 먹으면 황소 한 마리 먹은 만큼 보양이 된다고 했다. 텃밭에서 나물을 캐오라 하면 일하는 언니는 꼭 나를 데리고 나갔다. 추워서 손을 호호 불고 발을 동동 구르며

"언니, 얼마나 캤어?"

언니는 그러는 나에게 '옛날이야기 해줄게. 같이 나물 캐자.'라며 살살 달래곤 했다. 텃밭은 땅이 살짝 얼어 있어 파릇파릇한 나물은 보이지 않았다. 눈과 추위에 시달려서 잎이 거뭇거뭇 시든 냉이뿐이었다. 언니가 쪼그리고 앉아 칼로 나물을 캐는 게 아니라 호미로 흙을 헤치고 냉이 뿌리를 잡고 뽑으면 하얀 뿌리가 쏙 올라왔다. 그런 모습이 재미있어 나도 따라 했다. 추위에 콧물을 흘리면서도 바구니가 넘치도록 냉이를 캤다.

설을 지난 냉이는 눈 속에서 얼어 죽지 않으려고 땅속의 좋은 성분을 품고 있는 것 같다. 그래서 맛이 좋고 영양분이 많이 들어있어 우리 몸에 유익한가 보다.

어머니는 우리가 캐온 냉이를 다듬으셨다. 우물가로 가서 대나무 소쿠리에 담고 박박 문질러 씻었다. 깨끗한 냉이를 끓는 물에 살짝 데쳐 된장을 넣고 버무렸다. 가마솥에 쌀뜨물을 붓고 불을 지펴서 물이 끓으면 된장에 버무린 냉이를 넣었다. 그렇게 끓인 어머니의 냉잇국은 부드럽고 구수한 된장 맛과 어우러져 달짝지근하면서도 감칠맛이 났다. 식구들이 둘러앉아 어머니가 정성껏 끓여 주신 냉잇국을 맛있게 먹으며 새봄을 맞았다.

지금은 무엇이든 먹고 싶은 것이 있으면 마트에 가면 얼마든지 구할 수 있다. 그러나 냉이는 꼭 이때쯤만 나온다. 다른 나물은 잎만 뜯어다 국을 끓이는데 냉이는 뿌리까지 뽑아야 한다. 겨울을 이겨 낸 굵은 뿌리는 맛과 향이 좋다.

냉이를 보니 불현듯 어머니가 그리워 또 눈시울을 적시게 된다.

귀여운 여동생

 서해고속도로를 달리다가 휴게소에 들렀다. 화장실에 들어서는 순간 향긋한 향수 냄새가 풍겨와 기분이 좋았다. 예쁘고 싱그러운 화초들로 잘 꾸며놓은 실내는 여느 집 정원을 보는 것 같았다. 세면대에서는 온수가 펑펑 나오며 고급 화장지까지 비치하고 있으니 얼마나 감사한 일인가. 우리나라에서 언제부터 이렇듯 깨끗하고 쾌적한 화장실 문화가 자리 잡았나 생각하며 문득 어릴 적 일이 생각났다.
 옛날 우리 집 뒷간은 어린아이에게는 위험한 곳이며 무서운 장소였다. 커다란 항아리를 땅에 묻고 그 위에 널빤지로 발판을 만들었기 때문이다. 할머니의 이야기를 들으면 뒷간에는 빨강·몽당·달걀·바람 귀신까지 나온다고 했다. 게다가 밤낮으로 부산스러운 쥐 때문에 일을 볼 때 마음이 콩알만 해졌다. 뒤꼍에는 꺽다리 대나무의 흔들림 소리가 귀신같아서 머리카락이 쭈뼛쭈뼛 일어서고 등에서는 진땀까지 났다.

나는 어린 시절 장이 약했던지 시도 때도 없이 뒷간엘 가곤 했는데 밤에 갈 때는 일하는 언니한테 애원해야만 했다. 언니가 문밖에 잘 있나 확인하면서. 언니는 노래를 잘하니까 한 곡 부르라고 칭찬해 주면 내가 나올 때까지 알아듣지도 못하는 노래를 한이 서린 듯 구슬프게 불렀다.

내 동생은 어렸을 적에는 아주 예쁘게 생겨서 귀여움을 많이 받았다. 특히 할머니께서는 귀하게 되라고 다섯 살 때까지 여동생에게 남자 옷을 입혔다. 그러다 음력 9월 9일 아침에 새로 곱게 지은 여자 한복을 입힌 것이 기억난다. 색동저고리, 빨강 치마에 꽃버선을 신은 동생은 예뻤다. 그런데 한 가지 흠이라면 동생은 욕심이 조금 많았고, 결벽증에 가까울 정도로 깔끔했다.

어느 날 마당에서 놀던 여동생이 보이지 않아 어머니가 집안 이곳저곳을 찾아도 없었다. 밖으로 나갔나 싶어 대문을 막 나가려고 할 때 어디서 '엄-마 엄-마'하는 모기만 한

소리가 들렸단다.

　어머니는 소리가 나는 뒷간 쪽으로 가보니 동생이 빠져 있었다. 다행히 변기통이 가득 차 있지 않았고 발판에 양팔을 걸친 채 있어서 동생은 무릎 정도까지만 빠져 있었다. 그냥 풍덩 빠졌더라면 동생을 잃을 뻔했으나 발판이 동생을 구해 준 것이다. 어머니는 더러운 것도 아랑곳하지 않고 정신없이 동생을 안고 나왔다. 온 집안에 냄새가 진동했다. 씻겨 자리에 뉘었는데 눈도 못 뜨고 머리가 펄펄 끓으며 끙끙 앓았다. 그 모습을 본 할머니는 넋이 나간 사람처럼 동생 몸을 만지며

　"우리 강아지, 어떻게 되면 나도 못 산다."

　동생의 이름을 부르며 눈 뜨기를 애타게 기다리셨다. 식구들도 조바심에 모두가 동생만 바라보며 가슴만 태우고 있었다.

　보다 못한 할머니는 뒷간 앞에 짚을 깔아 놓고 정성 들여 지은 흰 쌀밥과 하얀 나물을 차려놓고 두 손을 모아 빌고 또 빌었다. 그러나 뒷간의 신들은 아무리 빌어도 들어 주지 않았다. 결국은 병원에 다녀와서야 일어날 수 있었다.

　"너는 아직 어리고 작아서 뒷간에 가서 볼일을 보다 빠지

귀여운 여동생 93

면 큰일 난다."

평소 할머니는 늘 동생에게 말씀하면서 마당 끝자락에 있는 두엄자리에서 일을 보라고 하셨다.

동생은 예쁜 꽃이 피어있는 곳에서 일을 보는 게 미안한 마음이 들어서 뒷간을 찾아갔을지도 모른다. 두엄자리 가에는 거름이 잘 되어서인지 민들레와 냉이꽃이 무더기로 피었고, 여름이면 채송화도 피고 가을엔 코스모스도 꽃 피는 곳이었다. 그것이 아니라면 사람들이 보는 데서 일을 보기가 부끄러워 뒷간에 갔다가 그런 변을 당했지 싶다.

우리 집은 딸이 넷이나 된다. 딸 많은 집의 셋째 딸은 선도 안 보고 데려간다는 말도 있는데 사업하는 동생은 여전히 예쁘다. 셋째인 동생이 칠십을 앞두고 있지만, 아직 미혼이다. 우리 형제자매가 어려운 일을 당해 길을 헤매면 길잡이 역할도 잘해주는 그런 셋째 딸이다.

어릴 때 뒷간에 빠지면 키가 안 큰다는 이야기를 들은 적이 있다. 그래서인지 우리 형제자매들보다는 키가 좀 작다. 오늘날 깨끗하고 샤워 시설이 잘 갖추어진 화장실을 볼 때면 동생은 어떤 생각을 할까.

세상이 참으로 많이 변했다. 요즈음 시골에서도 주거 공간이 양옥으로 바뀌면서 화장실도 수세식이 되었다. 집집마다 뒷간이 사라졌으니 뒷간 귀신도 이 땅에서 사라졌을까.

어제의 가난을 딛고 일어선 우리나라는 경제도 성장했지만, 화장실 문화는 선진국보다 더 훌륭하다. 종종 선진국을 여행하다 보면 화장실이 우리나라 수준에 한참 못 미치는 것 같아 한국인의 자부심을 느낀다.

동생도 이런 화장실을 보면 어릴 적 추억을 생각하며 격세지감을 느낄 것이다.

매미 소리

열대야가 극성을 부리던 여름날이었다. 더위에 잠을 설치다 어둠이 가시지 않은 새벽 거실로 나왔다. 불을 켜고 현관 밖으로 나가 조간신문을 들고 들어와 소파에 앉았다. 신문을 읽는데 등 뒤 창 쪽에서 갑자기 매미 우는 소리가 온 거실을 흔들어 놓았다. 깜짝 놀라 뒤돌아보니 매미가 베란다 방충망에 앉아 목이 터져라 울고 있지 않은가.

"너도 더위에 잠을 못 자 앙탈을 부리는 거니?"

좀 더 자세히 보려고 일어서니 매미는 놀랐는지 날개를 퍼덕거렸다. 어둠 속으로 날아간 놈을 멍하니 쳐다보고 있자니 할머니가 생각났다.

어린 시절 무더운 여름이면 우리 식구들은 마당에 멍석을 깔고 그 위에 앉아 간식으로 옥수수와 감자를 먹었다. 누워서 하늘의 별들을 쳐다보며 이야기꽃을 피웠다. 할머니는 마루에 앉아계셨다. 그럴 때마다 할머니 곁에 누워 옛날이야기를 들었다. 할머니 얘기는 언제나 재미있었다. 좋은 가문에서 태어나신 할머니는 많은 교육을 받은 분이라 아는 것도 많으셨다.

매미 소리가 온 동네를 뒤덮던 여름밤이었다. 소리가 시끄러워 짜증스러운 말투로 나는 투덜댔다.

"매미들은 잠도 안 자나. 시끄러워 죽겠네."

내 말에 할머니가 말씀하셨다.

"낙진아! 그런 소리 말아라. 매미는 불쌍한 곤충이란다. 저 매미는 땅속에서 칠 년을 넘게 굼벵이로 있다가 여름이면 밖으로 나와 허물을 벗고 매미가 된단다. 자손을 남기려고 저렇게 울다가 열흘도 못 살고 죽어."

할머니의 말을 듣는 순간 매미가 측은한 생각이 들었다.

"할머니! 그것이 참말이어요? 매미가 불쌍해요."

"그뿐만 아니야! 매미는 다섯 가지 덕(德)을 갖춘 품격 있는 곤충이란다."

"할머니 덕이 뭐예요?"

"덕이란 남에게 좋은 일을 많이 해주는 것이란다."

"매미의 다섯 가지 덕을 말해줄 것이니 잘 들어봐. 첫 번째 덕은 매미의 입이 선비의 갓끈처럼 생겨 학문이 깊은 문인(文人) 같고. 두 번째는 맑은 이슬과 나무 진액만 먹고 사니 청렴(淸廉)하기 그지없으며, 세 번째는 사람이 농사지은 채소나 곡식을 먹지 않으니 염치(廉恥)를 아는 곤충이란다. 네 번째는 집이 없이 살고 있으니 검소(儉素)하기 이를 데 없으며, 다섯 번째는 자기가 죽을 때를 알고 죽으니 신의(信義)가 있는 곤충이라고 옛 성인들은 매미를 칭찬했단다."

할머니의 말씀에 매미가 그렇게 의미 있는 생명체라는 것을 알았다. 이제껏 매미를 하찮은 곤충이라 생각한 나 자신이 부끄러웠다. 그 뒤부터는 매미 울음소리만 들어도 반갑고 할머니가 생각났다.

그때 할머니가 덧붙여서 하신 말씀은 내가 살아오면서 올곧게 살 수 있도록 붙잡아 준 힘이 되었다.

"낙진아, 하찮은 미물도 이렇게 많은 덕을 갖추고 사는데 사람이 되어 매미만도 못하면 안 된다. 우리 강아지는 어른이 되면 사람들에게 많은 덕을 베풀며 살아야 한다."

항상 할머니 말씀을 마음에 담고 사는 나는 남에게 베푸는 일을 게을리하지 않았다. 교회를 다니며 이웃과 나눔을 실천하며 양보와 배려도 잊지 않고 열심히 살아왔지만 매미의 덕에 비하면 아직도 한참 모자란 것만 같다.

여름이면 매미 울음소리가 시끄러워 잠을 설친다며 사람들은 매미를 못마땅하게 여긴다. 소음 공해 때문에 암컷 매미를 찾기가 힘들어 더 크게 운다고 한다. 사람들도 매미가 애벌레로 태어나, 밖으로 나와 일주일 안에 짝을 지어 후손을 남기고 죽으려는 절박한 몸부림 소리라는 것을 안다면 생각이 달라질 것 같다.

우리는 좀 더 아량을 베푸는 마음을 갖고 매미를 바라봤으면 좋겠다. 바쁘고 지친 생활에 쫓기다 보니 모두가 신경이 예민해져 매미 소리마저 곱게 받아들이지 못하는 것 같아 안타깝다. 우리가 조금만 생각을 바꾸면 매미 소리가 낭만적인 소리로 들릴 것 같다는 생각을 해 본다.

'아는 만큼 보이고 보이는 만큼 관심을 두게 된다.'라는 어느 시인의 글귀가 생각난다.

어둠 속에서 긴 기다림 끝에 세상 밖으로 나와 외마디 세레나데를 부르다가 주검을 맞이하는 매미, 그들은 절정의 순간을 위해 긴 세월 참고 견뎌낸다. 인고의 세월은 다음의 영생을 위한 찰나였나. 그래서 짝을 찾기 위해 목이 터지라 울고 있는 것일까?

매미가 울지 않는 여름을 생각할 수 있을까. 그래도 매미들이 울어야 여름이라는 느낌이 든다.

지금은 열대야로 잠마저 설치지만 곧 가을이 올 것이다. 올해는 이 매미의 울음소리를 들을 날도 며칠 남지 않은 것 같다.

물 좀 아껴 써라

아침 일찍 주방에서 일하는데 수돗물이 평상시 같질 않았다. 처음에는 여러 집에서 한꺼번에 물을 쓰는 줄 알았다. 감질나게 나오는 수돗물을 그대로 받아서 썼다. 그런데 시간이 지나도 물이 잘 나오질 않았다. 아마 어디선가 상수도관 교체 작업이라도 하는 걸까, 나는 병원 예약 시간이 가까워 부랴부랴 샤워했다. 수돗물이 시원하게 나오지 않으니 불편했다.

문득 중학교 때 할머니 말씀이 생각났다.

"물 좀 아껴서라."

겨울이면 언니와 나는 저녁마다 머리를 감았다. 지금처럼 헤어드라이어가 없었기 때문에 아침에 머리를 감으면 젖은 머리로 밖에 나갈 수밖에 없었고 그런 날은 감기에 걸리기

일쑤였다. 그래서 우리 자매는 꼭 저녁에 머리를 감기로 했다. 작은 부엌에는 군불을 때기 때문에 큰 가마솥에는 늘 더운물이 가득했다. 우리는 더운물을 양동이가 넘치도록 퍼다 아낌없이 펑펑 썼다. 그럴 때면 어김없이 할머니의 호통을 들어야 했다.

"얘들아, 물 좀 아껴 써라!"라며 헤프게 쓰는 우리를 못마땅하게 여기셨다. 아무리 많은 물이라도 아껴 쓰라는 절약 정신을 우리에게 강조하셨으리라.

중학교 때 지리 선생님께서 말씀하셨다.

"다른 나라에서는 물도 돈을 주고 사 먹는단다. 우리나라도 언젠가는 물 부족 국가로서 물을 돈 주고 사 먹는 시대가 올 수도 있으니 아껴 써라."

선생님의 말씀이 의아했고 설마 그럴 리가? 믿지 않았다. 우리나라는 돈을 주고 물을 사서 먹는 일은 절대 없을 것으로 생각했다. 사시사철 물이 철철 흐르는 시냇물을 보면서 나는 더 확고한 생각을 했는지도 모르겠다. 우리나라에는 물이 얼마나 많은데 부족해서 사 먹는다는 게 이해가 되지 않았다. 산에는 계곡물도 철철 넘쳤다. 우리는 물에 뜬 낙엽을 걷어 내고 엎드려 그 물을 마시곤 했다.

동네마다 공동 우물도 있었다. 어떤 동네에서는 집집이 우물을 파서 두레박으로 물을 길어 올렸다. 그 물로 몸도 씻고 빨래도 하며 귀한 줄 모르던 시절이었다.

60년대가 지나고 80년대에 들어서니 산업이 급격히 성장하면서 국토가 개발되어 많은 변화가 생겼다. 농촌에는 초가집이 사라지고 도시에는 아파트가 들어서기 시작했다. 고향 땅은 경지정리를 하여 다랑논이 없어졌다. 도로가 확장되어 아스팔트로 말끔히 포장되었고 승용차가 집 앞마당까지 들어왔다.

90년대에는 집집이 상수도가 들어오고 우물이 사라졌다. 우물물은 오염되어 먹을 수 없다는 것이다. 농약을 치지 않으면 농사를 짓지 못할 지경이 되었다. 너도, 나도 작물에 독한 농약을 뿌려댔다. 게다가 곳곳에 축산가옥이 늘어나고 양돈, 양계장에서는 폐수를 개천으로 흘려보냈다. 그렇게 깨끗하던 시냇물도 더러운 물로 변해 갔다. 심지어 지하수마저 오염되어 가축도 먹을 수가 없어서 상수도 물을 먹여야 하는 시대가 되었다.

60여 년의 세월이 지나 지금, 도시에서는 고층아파트로 빌딩 숲을 이루고 있다. 상전벽해(桑田碧海)라더니 고향에 가면 옛 모습을 찾을 수 없다. 모든 길이 낯설기만 해서 어리둥절하기만 하다.

눈 깜짝할 사이에 세상이 참 많이도 변했다. 부엌에서는 수도꼭지만 틀면 수돗물이 철철 흘러나와 물을 귀한 줄 모르고 살고 있다. 그런데 생활의 질은 좋아졌지만, 환경은 많이 훼손되었고 날이 갈수록 더욱 오염되고 있다. 가정에서는 이제 수돗물도 안 미더워 정수기를 설치하여 그 물을 마신다. 그것도 믿지 못해 사람들은 마트에 가서 생수를 사다 먹는 시대가 되었다.

중학교 때 지리 선생님께서 하신 말씀이 딱 들어맞았다. 그때 선생님은 선견지명(先見之明)이 있었나 보다. 환경이 이렇게 빨리 오염될 줄을 누가 짐작이나 했을까. 경제성장과 산업이 급속도로 향상되고 있으니 환경도 덩달아 빨리 오염되는 것만 같아 마음이 씁쓸하다. 어린 시절 할머니가 아무리 흔한 물이라도 펑펑 쓰지 말고 돈을 쓰듯이 아껴 쓰라는 깊은 뜻을 이제야 알 것 같다.

노자(老子)는 인간 수양(修養)의 근본을 물이 가진 일곱 가지 덕목(德目)에서 찾아야 한다고 했다. 할머니의 말씀이 생생히 떠오른다.

"물은 낮은 곳을 찾아 흐르는 겸손(謙遜)을 알고, 막히면 돌아갈 줄 아는 지혜(智慧)가 있으며, 구정물도 받아 주는 포용력(包容力)이 있는가 하면, 어떤 그릇에도 담기는 융통성(融通性)도 있다. 또 바위도 뚫는 끈기와 인내(忍耐)를 지녔고, 장엄한 폭포처럼 투신하는 용기(勇氣)도 가졌으며, 유유히 흘러 바다를 이루는 대의(大義)를 품고 있다."

할머니는 사람은 물처럼 사는 것이 가장 아름답게 사는 것이라고 말씀하셨다. 물처럼 살아가라고 당부하신 말씀을 기억해 내면서 이 글을 쓰는 지금 할머니의 가르침을 얼마나 실천하며 살아왔는지 뒤돌아본다. 할머니의 말씀이 삶의 진리라는 것을 뼈저리게 느끼며 살고 있다. 물이 거슬러 흐르지 못하듯이 우리네 삶도 아무리 용을 써 봐도 억지로 되는 일이 없지 않던가. 할머니 말씀대로 물 흐르듯 사는 것이야말로 진정 세상을 바르게 사는 방법이지 싶다.

세상의 모든 생명체는 물에서 왔다고 한다. 물이 없으면 생명은 태어날 수도 없고 태어난다고 해도 사나흘을 넘기지 못하고 죽게 된다. 물의 소중함과 고마움을 늘 잊지 말자. 할머니 말씀처럼 물을 돈처럼 아껴 쓰면서 감사하는 마음을 가지도록 해야겠다.

시래기 무침

추석이 지나면 초롱 무가 잠깐 나온다며 텔레비전에서 김치 담그는 법을 방영했다. 나도 한번 담가 보자 마음먹고 오후에 마트에 가서 초롱무 두 단을 사 왔다. 큰 잎사귀를 뜯어내고 무를 반으로 갈랐다. 무청이 싱싱하고 푸짐했다. 버리기 아까워 시래기를 만들려고 큰 냄비에 넣고 삶았다. 삶은 시래기를 꺼내 놓고 보니 욕심을 너무 부렸는지 양이 많았다. 어떻게 할까 고민하다 아래층 아줌마가 생각나서 전화했다.

"혹시 시래기 좋아하세요? 넉넉하게 삶았어요."

"예, 우리 식구들은 시래기 음식을 무척 좋아해요."

좀 가져가라고 했더니 요즈음은 시래기가 귀한 대접을 받는 웰빙 음식이라며 좋아했다. 어린 시절에는 푸대접을 받던 시래기가 웰빙 식품이라니…. 우리 식구들도 시래기로 만든 음식을 좋아하기 때문에 덕장에서 한 상자씩 사놓고 자주 조리해 먹는다.

딸아이가 초등학생 때였다. 그때는 각자 도시락을 싸갔다. 나는 사업을 운영하느라 항상 바빴기에 식구들 식단을 제대로 챙기지 못했다. 육류나 생선을 구워서 식탁에 올리곤 했다. 아이들의 도시락도 햄과 소시지, 단무지, 메추리알 조림, 멸치볶음 같은 반찬을 싸주었다. 아이들에게 직접 반찬을 만들어 주지 못하고 손쉬운 인스턴트식품을 먹인 것이 후회로 남아 있으며 지금도 가슴이 짠하다. 아이들이 그때 얼마나 지겹게 먹었던지 지금도 햄, 소시지 같은 건 잘 먹지 않는다.

시래기를 앞에 두고 있으니 옛일이 생각났다. 김치를 담고 무청이 나와서 마음먹고 시래기로 만들었다. 시래기를 된장에 자글자글 끓여 식탁에 올렸다. 딸아이가 맛있는 냄새가 난다며 한 입 먹어 보더니 연신 맛있다는 소리가 입에서 나왔다.

"엄마 너무 맛있어요, 나 오늘 도시락 반찬으로 시래기 무침을 싸주세요."

나는 깜짝 놀라며 "얘, 누가 된장 시래기 무침을 도시락 반찬으로 가져가니?"라고 했다.

언젠가 본 텔레비전에서 도시락을 가져오지 않아 점심을 못 먹고 있는 학생과 담임선생님이 나누던 장면이 떠올랐다.

"왜 도시락을 가져오지 않았니?"

"엄마가 반찬이 없다며 날마다 먹는 시래기 무침을 도시락 반찬으로 가져가라고 해요. 돈이 없어서 다른 반찬을 할 수가 없데요. 그래서 창피해서 도시락을 안 가져왔어요."

시래기 무침을 도시락 반찬으로 넣어달라는 딸에게 그때 본 이야기를 해주며 '그래도 된장 시래기 무침을 가져가겠느냐?'고 물었다.

"엄마, 그애는 먹는 반찬을 창피하다고 했지만 이렇게 맛있는 반찬이라면 나는 매일 싸 갈 수 있어요."

딸의 고집을 꺾지 못해 그날 도시락 반찬은 된장 시래기 무침으로 싸주었다. 저녁때 학교에서 돌아온 딸이 오늘 된장 시래기 무침 반찬이 최고인기였다고 했다. 친구들이 좋아해서 함께 나누어 먹느라 자기는 조금밖에 못 먹었다며 내일은 시래기 무침을 더 많이 싸 달라고 했다.

다음 날도 저녁밥을 먹으면서 딸이 학교에서 있었던 일을 말했다. 친구들이 도시락 반찬으로 된장 시래기 무침을 가져온 학생이 많이 있어서 모두 맛있게 먹었다고 했다. 오후 수업에 들어오신 선생님께서 교실에서 무슨 냄새가 이렇게 많이 나느냐고 물으셔서 된장 시래기 무침을 먹었다고 대답했단다. 선생님께서 그렇게 맛있는 반찬 나도 먹고 싶은데 너희들만 먹었느냐고 웃으면서 시래기가 우리 몸에 좋은 점을 말씀해 주셨다고 했다.

딸아이의 도시락 반찬을 맛본 친구들이 하나둘 시래기 반찬을 가져오기 시작했다. 어느덧 많은 학생이 시래기와 시금치 무침을 내놓더니 상추쌈까지 가져와서 즐거운 마음으로 함께 점심을 먹으면서 친구들과 더 가까워졌다고 했다.

요즈음은 시래기가 건강에 좋은 줄 알고 많이 먹는 것 같다. 우리 가족도 시래기를 좋아해서 식탁에서 빠지지 않는다. 삶아서 물에 충분히 담가 놓았다가 부드러워지면 된장국도 끓여 먹고 생선조림에도 넣어 먹는다. 다른 집에서는 재래시장에 가서 삶아놓은 시래기를 조금씩 사다 먹는다고 한다. 아니면 마트에 가서 비닐 팩에 든 마른 시래기를 사다 먹는 사람이 많은 것 같다. 나는 시래기만은 상자로 사다 놓고 먹어야 직성이 풀린다.

 이렇게 좋은 시래기를 왜 서민들만 먹는 음식으로 생각하며 푸대접했는지 모르겠다. 혹독한 겨울을 견디면서 제 몸에 있는 물기를 한 방울도 남기지 않은 시래기. 한 오라기 지푸라기에 매달려 미라가 된 희생정신을 어찌 지나칠 수 있으랴. 이제는 하나씩 내려놓을 때가 되었다. 헐벗은 이웃을 생각하자. 작은 것이라도 나누며 조금씩 나를 줄여나가야 하지 않겠는가.

아들이 좋아하는 청량음료

　냉장고 문을 열면 언제나 사이다가 먼저 눈에 들어온다. 우리 가족은 사이다를 얼마나 좋아하는지 모른다. 외식할 때도 다른 손님은 콜라나 주스 같은 음료수를 마시지만 우리는 언제나 사이다를 마신다.
　서른다섯 해 전, 아들이 아홉 살, 딸이 여섯 살 때였다. 이태 동안 병마와 싸우던 남편이 고통을 이기지 못하고 끝내 눈을 감았다. 남편이 떠난 자리에 남은 것이라고는 남에게 갚아야 할 빚뿐이었다. 얼마 안 되는 그의 퇴직금과 세간살이를 정리한 돈을 긁어모아 몰려드는 빚쟁이들에게 다 나누어주고 나니 우리 가족은 오갈 데 없는 처지가 되었다.
　할 수 없어서 시골 친정집에 아이들을 맡기고 달랑 교통

비만 손에 쥐고 서울 동생 집으로 올라오면서 얼마나 울었는지 모른다. 슬픔을 억누르며 속으로 다짐했다. 먼저 간 남편에게 아이들만은 잘 키우겠다고 약속하고 마음을 강하게 다잡았다.

이제껏 남편 덕에 고생 모르고 살아왔던 나에게는 버텨내기 힘든 나날이었다.

사는 일이 힘들 때마다 입술을 깨물었다. 발등에 불똥이 떨어지면 뛰지 않는 사람 없고, 홍두깨로 치면 담 안 넘는 재주 없다는 옛말을 떠올리며 마음을 굳게 먹었다. 여자라면 당당해야 하는 최소한의 자존심도 버렸다. 오로지 아이들을 잘 키우겠다는 생각으로 몸이 부서지는 것 같은 아픔도 참아내고 억척스럽게 앞만 보고 달렸다.

사 년 만에 단칸방 하나 얻을 수 있는 형편이 되자 나는 아이들을 서울로 데려왔다. 터미널에 도착한 나는 아이들과 식당으로 들어갔다. 그런데 옆 테이블의 손님이 마시는 사이다를 바라본 아들이 "엄마! 우리 사이다 한 병 시키면 안 될까요?"라고 했다.

"그래, 오늘은 우리 세 식구가 함께 서울에 도착한 날이니 삼겹살도 구워 먹고 사이다도 시키자."

나는 고기와 사이다 한 병을 시켜서 아들에게 한 컵 따라 주었다. 아들이 사이다를 단숨에 들이켰다. 딸아이도 놀랐는지 제 오빠에게 한마디 했다.

"오빠는 사이다를 왜 그렇게 한 번에 마셔?"

"나는 시골에 살면서 소풍 때마다 사이다가 그렇게 마시고 싶었는데 누구에게 사달라는 말을 못 했어. 오늘은 사이다 실컷 마셔야지."

아들의 말에 내 가슴이 먹먹해지며 마음이 아려 눈물이 왈칵 쏟아졌다.

'외갓집이 그래도 살만한 형편인데 어린 것이 눈치 보느라고 사이다 한 병 사달라는 말도 못 했구나.'

"엄마 울지 마세요! 이제 사이다가 마시고 싶으면 사달라고 할 엄마가 옆에 있잖아요."

엄마의 서글픔을 위로하는 아들이 어른이 다 된 것처럼 대견했다. 눈물을 훔치고 아들의 등을 토닥여 주었다.

"아이고! 우리 아들 이제 보니 다 컸네. 엄마의 마음도 위로해 주고…."

병에 남은 사이다를 더 마시라고 아들의 컵에 부어주었다. 아이는 사이다를 실컷 마셨다며 제 배를 만지며 좋아했다. 그 모습을 보면서 앞으로는 절대 헤어지지 않고 잘 보살피리라 다짐했다.

그 후부터 우리 세 식구는 외식할 때면 사이다를 빼놓지 않고 시킨다. 다른 제품도 있지만 우리는 그때의 아픈 추억을 잊지 못해 언제나 사이다를 찾는다. 유리컵에 피어오르는 맑은 액체 속 물방울을 보면 슬픔이 북받쳐 오른다. 그러다가 이내 마주한 아이들과 서로 얼굴을 맞대고 행복한 웃음을 짓곤 한다.

이제는 어엿한 가장이 된 아들은 회사 대표로서 바쁘게 살고 있다. 그는 퇴근해 집에 오기가 무섭게 냉장고를 열고 사이다를 꺼낸다. 직장에서 쌓인 하루의 피로까지 함께 타 마신다. 아직도 외갓집에서 먹고 싶었던 그 사이다에 대한 목마름이 남아 있는 걸까.

나도 청량음료 중에서 유난히 사이다를 즐겨 마신다. 속이 답답할 때 사이다 한 모금 마시고 트림 한번 하고 나면 속이 뻥 뚫린다. 그 시원함은 나만이 갖는 짜릿한 맛일까. 그래서 냉장고 안에 사이다가 없으면 무엇인가 빠진 것 같아 허전한 마음이다.

냉장고 문을 열면 사이다가 제일 먼저 나를 반긴다. 우리

가정의 행복을 말해주는 것 같다. 먼저 하늘나라로 간 남편에게 맘속으로 살며시 속삭인다.
 '여보! 이만하면 우리 아이들 잘 키웠죠? 나, 당신과 한 약속 잘 지켰지요?'

아버지의 전화

생일날 아침, 아버지가 생각나 자꾸만 전화기 있는 쪽으로 눈길이 간다. 아버지가 떠나신 지도 벌써 스무 해가 넘었다. 아버지는 일제강점기 때 사범학교를 졸업하고 초등학교 교사를 역임하셨다.

아버지는 대단한 호걸이셨던 것 같다. 모든 운동을 두루 잘했고 특히 탁구는 도 대표 선수로 나가서 우승할 정도로 잘 치셨다. 그때 상품으로 받은 시골에서는 보기조차 어려운 '축 우승'이라 쓰인 커다란 거울을 안방 벽에 걸어 놓았다. 고등학생 언니와 중학생이었던 내가 등교 준비를 할 때면 안방의 큰 거울 앞에서 앞모습과 뒷모습을 비춰보면서 서로 옷매무새를 고쳐주곤 하였다.

아버지는 손재주도 좋은 만물박사이셨다. 항상 점잖으신 품격을 잃지 않고 사신 분이었다. 약주라도 한 날이면 기분 좋은 얼굴로 귀가하셔서 우리 딸들부터 찾았다. 어느 날은 몸이 약한 나를 안고 볼을 비비면서 "네가 사람 구실을 할래, 못 할래." 하면서 넋두리를 늘어놓기도 하셨다. 우리 자매들은 그렇게 아버지의 사랑을 흠뻑 받으며 자랐다.

그렇게 자상하던 아버지가 어느 날 운동하다가 척추를 다치셨다. 내가 여고 3학년 때 아버지는 학교를 퇴직하셨다. 허리가 아파 집에 계시면서도 동네에 일이 생기면 해결사 노릇을 하셨다. 이웃 동네에서 무슨 일이라도 생기면 동네 사람들이 아버지를 찾아와 의논하였고 해결해 주곤 하셨다.

나는 대학을 졸업하고 교사가 되었다. 미니스커트가 한창 유행하던 시절이었다. 그때 미니스커트는 지금처럼 짧지도 않았는데 어른들은 고운 시선으로 봐주지 않고 얌전치 못하다고 불편해하셨다. 내가 미니스커트를 입는 것이 아버지도 마음에 걸렸는지 입지 말라는 말을 못 하고 에둘러 말씀하셨다.

"우리 작은딸은 잘못 태어났어. 서양에서 태어났으면 좋았을 텐데, 아버지가 반바지 사줄까?"

"아버지, 그러면 반바지만 말고 끈이 길어서 무릎까지 멋있게 감을 수 있는 샌들까지 사주셔요."

나는 한술 더 떠서 말씀드렸다.

"그래! 우리 작은딸은 키가 커서 그렇게 입으면 참 멋있을 거야."

내 결혼식 날 식장에서 나를 보고 올드미스 시집보낸다며 활짝 핀 해바라기처럼 웃으시던 아버지였다. 그런데 우리 부부가 행복하게 사는 모습을 아버지께 보여 드리지 못하고 남편은 십 년도 못 살고 하늘나라로 먼저 떠나고 말았다. 그 충격으로 아버지는 정신을 잃었다가 깨어나서도 그저 아무 말도 못 하고 입을 굳게 닫으셨다.

나는 아버지 생신날과 명절 때면 시골에 내려갔다. 그때마다 아버지는 우리 아이들을 따로 불러서 엄마 말 잘 듣고 공부도 잘한다며 용돈을 넉넉하게 주셨다. 말은 그렇게 하였지만 아빠 없이 자라는 손주들이 눈에 밟혀 그리하셨을 것이다.

어느 때부터인지 내 생일 날 정확히 새벽 다섯 시 십 분이면 전화벨이 울렸다. 수화기를 들고 말을 꺼내기도 전에 아버지 목소리가 들렸다.

"아버지다. 미역국 끓여 먹고 출근해라."

이 말 한마디 하시고 내가 대답하기도 전에 전화를 끊으셨다. 남편도 없이 혼자 사는 작은딸이 얼마나 안쓰럽고 마음이 아팠으면 그리하셨을까. 처음 그런 전화를 받던 생일날 아침엔 코끝이 찡하고 눈물만 나왔다. 그렇게 몇 년 동안 내 생일날 아침이면 전화하시던 아버지가 매우 위독하다는 연락을 받고도 바로 찾아뵙지 못했다. 자식들 뒷바라지하느라 아버지께 달려가는 걸 미루고만 있었다.

그런데 그만 아버지의 생신날 새벽에 다시는 돌아올 수 없는 하늘나라로 가셨다. 억장이 무너졌다. 나는 고향으로 가는 차 안에서도 눈물만 날 뿐 넋이 나간 사람이었다. 장례식장에서 흘린 눈물은 아버지를 보내는 서러운 눈물도 있었지만, 그동안 '아버지를 의지하고 살았는데 이제는 누구를 의지할까?' 하는 생각에 더 서러웠는지도 모른다.

아버지를 하늘나라로 보낸 때가 가물가물해지고 있다. 그러나 나는 사업상 바쁘다고, 이제는 몸이 아프다는 핑계로 아버지 기제에도 참석하지 못하는 불효자식으로서 늙어가고 있다. 아버지 살아 계실 때 한 번이라도 더 찾아뵙지 못하고 맛있는 음식을 대접하지 못한 것이 후회로 남아 가슴이 아프다.

  아버지 생신과 내 생일은 불과 열아흐레 차이다. 매년 이 맘때가 되면 나도 모르게 아버지가 생각나고 한없이 그립다.

  "우리 작은딸, 참 장하다!"

  아버지가 오늘, 아픔과 고통이 없는 하늘나라에서 해바라기처럼 활짝 웃으시며 전화를 걸어 주실까 싶어 자꾸만 전화기 있는 쪽으로 눈길이 간다.

올케와 시누이

 여고 동창들과 해외여행을 떠났다. 동창 중 올케와 시누이 관계로 맺어진 친구가 있었다. 두 사람은 우리가 보기에도 부러울 정도로 사이가 좋았다. 내것 네것 가리지 않고 서로 챙겨주며 다정다감한 모습이 보기 참 좋았다. 동창생들은 그들을 보며 어쩌면 자매처럼 사이가 좋으냐며 부러워했다. 문득 우리 집이 생각났다.
 어머니가 파김치를 담았는데 부쳐 주시겠다며 전화를 했다. 어머니에게 '우리는 힘들이지 않고 잘 먹겠으나 올케가 힘들게 해서 미안하다.'라고 그저 인사말만 했다. 시골에서 농사를 지으며 어머니를 모시는 올케를 생각하니 정말 고맙고 그저 미안한 마음뿐이다.

택배를 받아 김치통을 열어보니 어머니의 야무진 손끝의 흔적과 올케의 얌전한 정성이 풀풀 올라와 나를 감동하게 했다. 김치를 받을 때마다 어머니와 올케에게 고맙고 죄송함을 동시에 느끼곤 한다. 칠십을 넘긴 딸이 구십 세가 넘은 어머니의 김치를 아직도 덥석덥석 받아먹고 있다.

'때리는 시어머니보다 말리는 시누이가 더 밉다.'라는 옛말이 있다. 그런데 이런 말이 언제부터 생겨난 걸까? 우리나라의 올케와 시누이 사이는 그렇게 좋지 못한 관계만 있는 걸까?

그런데 연로한 어머니와 고모가 지내시는 걸 보면서 자란 나는 그런 말에 동의하지 않았다. 두 살 차이가 나는 어머니와 고모, 일제강점기 때 여자상업고등학교를 졸업한 고모는 광복이 된 후 초등학교 교사로 지내다가 스물다섯 살에 결혼했다. 부잣집 막내딸로 태어난 어머니는 고생을 모르고 성장하여 여학교를 졸업하고 열일곱 살에 손이 귀한 우리집에 시집와서 팔 남매나 되는 자식을 낳으셨다.

어머니와 고모는 친자매와 같이 서로 아껴주며 다정하게 지내셨다. 어머니가 혼수로 해온 한복을 고모가 입고 출근할 수 있게 준비해 주곤 했다. 어머니와 고모는 다정한 이야기를 나누며 식사하다가 고모가 출근이 늦을 때도 있을 정도였다.

그런 어머니와 고모를 보신 할머니께서 "우리 집에 쟁기 하나를 더 장만해야 한다."라고 하셨다. 논밭 갈이를 하는 쟁기잡이가 아마도 밥을 늦게 먹었나 보다. 그렇게 오손도손 지냈는데 고모가 결혼할 때는 어머니는 너무 많이 우셨단다.

어린 새댁인 어머니와 직장생활을 하는 고모가 우리 아버지와 할머니의 마음에 꼭 들 수가 없었을 것이다. 그럴 때는 서로의 대변인이 되어주고 감싸주곤 하셨단다. 그러다가 서로 헤어지게 되었으니 얼마나 서운하셨을까.

"나는 이제 누구와 이야기해요."라며 어머니가 고모 손을 잡고 울었다고 했다.

고모가 그렇게 시집을 간 뒤에는 서로 시집살이하느라 생일도 챙겨주지 못하고 많은 세월이 흐른 뒤에야 챙겨주었다고 한다.

아버지가 척추를 다쳐서 집에 계실 때도 고모는 항상 친정 조카들을 많이 챙겨주셨다. 친정이 잘 되고 식구들이 건강해야 한다면서 그렇게 많이 걱정해 주고 돌보아주셨다.

아마도 오빠인 아버지와 올케인 어머니가 소중하고 예쁘니까 조카들까지 예뻐했던 것일까. 고모의 자식들도 오 남매나 된다. 지금은 아버지와 고모부 모두 하늘나라로 가셨지만, 어머니와 고모는 여전히 올케와 시누이로 다정하시다.

어머니는 시골에 농장을 갖고 있으므로 고모 댁에 마늘, 고추 같은 양념감을 보내드린다. 김장 때는 배추를 절여서 보내주곤 했는데 이제는 아예 김장해서 보내드린다고 했다.

"구십이가 다 된 올케에게 아직도 김장을 얻어먹는 시누이가 있으면 나와 봐."라면서 기네스북에 오를 일이라고 했다.

꽃며느리밥풀 전설이 생각난다. 꽃잎이 며느리의 입술에 붙은 밥풀 같다니 얼마나 시집살이를 심하게 했으면 꽃을 두고 그런 전설이 생겼을까.

시어머니와 시누이가 며느리이며 올케에게 시집살이를 시킨다는데 정말 올케를 구박할 수 있을까? 시어머니는 옛날 사고방식이라 그렇다 해도 시누이는 그래도 현대인이면서 왜 저토록 시집살이를 시킬까. 언젠가는 자신이 올케가 되었을 때 시누이한테 시집살이를 당한다면 어떠한 마음이 들까?

내가 남편을 하늘나라로 떠나보내고 오갈 데 없어 아이들을 친정에 맡겼다. 나의 친정 부모님은 당신의 손자 손녀니까 애처로워 잘 보살피겠지만 올케에겐 큰 짐이 되었을 것이다.

귀한 손자 손녀가 행여라도 삐뚤어질까 봐 아버지께서는 엄하게 가르치셨다. 그러면 올케는 아이들이 주눅이 들까 봐 항상 감싸주고 눈치 한번 주지 않고 4년 동안 맡아 키워 주었다. 그렇게 고마운 올케에게 내가 어찌 시누이티를 내겠는가. 아무리 착하다고 해도 아이들은 아이들이다. 그러나 올케도 남매를 둔 엄마다. 그러나 내 자식과 조카라는 편견을 갖지 않고 그렇게 따뜻하게 키워 주었다.

우리 형제는 팔 남매 중 딸이 넷이나 된다. 이렇듯 많은 가족한테 늘 한결같이 대해 주는 올케에게 누가 시누이티를 낼 수 있겠는가. 형제가 많다 보니 바람 잘 날이 없다. 아무리 남편이 잘해준다고 해도 올케에게는 시골 생활이 힘에 부칠 것이다. 그러나 그런 내색 한번 없이 나의 친정어머니를 잘 모신다. 큰살림도 척척 해가며 동서 간에 화목하고 시누이들도 잘 보듬어 살피며 우리 형제들의 우애를 더 돈독하게 한다. 그런 올케가 감사할 뿐이다.

어머니와 고모가 그렇게 친자매와 같이 잘 지내더니, 그 시어머니에 그 며느리인가 보다. 대대로 물려줄 유전자가 되어 후세들도 화합하며 우리처럼 행복했으면 좋겠다.

3
...
딸기 서리

'아저씨 잘못했어요'라고 소리 질렀는데,
그 소리에 깜짝 놀라 깨어 보니
땀으로 등이 흠뻑 젖어 있었다.
꿈속에서 얼마나 헤매었는지 늦잠을 잤으나
일요일이어서 다행이었다.
아침에 일어나 치마를 입으려고 보니
새 치마에 딸기 물이 가득 들어있었다.
어머니가 며칠 전에 꽃무늬 포플린으로 해준 치마인데
도저히 입고 나갈 수가 없었다.
-본문 중에서

건망증

내게 치매가 찾아왔다.

아파트를 찾지 못하고 길을 헤매고 있었다. 다행히 같은 동에 사는 사람을 만나서 내가 사는 아파트까지는 찾아왔지만 몇 층 몇 호인지 생각이 나질 않는다. 아이들에게 전화해야 하는데 이번에는 아들 전화번호가 생각나지 않는다. 딸의 연락처도 모르겠다. 아파트 앞에서 서성이다 그냥 엘리베이터를 타기로 했다. 맨 위층까지 올라가서 한 층 한 층 내려오면서 우리 집을 찾자며 엘리베이터를 타려는데 사람이 꽉 차 있었다. 승강기 앞에서 서성이면서 애를 태우다 깨어 보니 꿈이었다.

후유, 큰 숨을 내쉬었다.

'그런데 정말 내가 치매에 걸렸다면…?'
생각만으로도 끔찍했다.

코로나19 때문에 외출을 못 하니 걷기 운동이라도 해서 치매에게 잡히지 말아야 할 것 같았다. 집에서 가까운 실내 체육관 둘레를 걷기 시작했다. 부천으로 이사 온 지 몇 년 되지 않아 친구가 없었다. 그래서 부천시의 산책로를 몰라 매일 다람쥐 쳇바퀴 돌듯 체육관 둘레만 걷고 있었다.

우리 교회의 시니어부에는 나이 든 권사님들만 계시니 같이 운동하자고 권할 만한 분이 없었다. 교회 성도들과 함께 운동하면 마음이 편하고 소통도 잘돼 더욱 끈끈한 믿음을 얻을 수 있을 텐데. 서로 거리가 멀어 쉽게 만날 수 없기에 운동을 함께 하자는 말을 못 했다.

작년부터 문화센터에 라인 댄스 교실이 있어 나가기로 맘을 먹고 찾았는데 그곳에서 자연 친구와 언니 등을 사귀게 되었다. 그들과 한 번도 가보지 않은 부천의 천만 송이 장미공원도 가보고 원미산 진달래 축제에도 같이 다녀왔다. 나이가 들어 또 새로운 친구가 생기니 마음이 즐겁고 외롭지 않아 좋았다.

어느 날인가 친구가 정신이 깜박깜박한다며 치매가 오는

게 아닌지 걱정된다고 했다. 나도 가끔은 그런다며 걱정하지 말라고 말은 했지만, 나보다 좀 더 건망증이 심한 것 같았다.

그녀가 자신의 증세를 내게 들려주었다. 외출에서 돌아와 현관문 앞에 섰는데 갑자기 비밀번호가 생각나지 않았다고 했다. 몇 번을 눌러도 문이 열리지 않고 비비빅 하는 소리가 났단다. 순간 머릿속이 하얘지면서 아무것도 생각나지 않았다. 멍하니 서 있으니 집 안에 있는 딸이 밖의 인기척에 '누구냐?'고 물어 '엄마'라고 하여 집에 들어갔다고 했다.

"엄마! 치매 걸렸어?"

딸이 현관문을 열어주면서 건성으로 던진 말에 충격을 받고 가슴이 덜컥했는데 정말 자신에게 치매가 온 건 아닌지 걱정이라고 했다.

우리 나이에 건망증이 심한 것은 사실이다. 가끔 냉장고 문을 열고는 '내가 왜 열었지?'라며 멍하니 서 있다가 그냥 냉장고 문을 닫고 돌아설 때가 있다. 그러다가 한참 후에 생각이 나서 다시 냉장고를 열 때도 있다. 그래서 내가 치매가 아닌가 걱정이 되어 병원에 가서 진료를 받아 보기도 했다.

의사 선생님이 진찰을 마치고 나서 웃으면서 "치매는 아니고 건망증 증세에요. 너무 불안해하지 말고 긍정적으로 생각을 바꿔보세요. 그러나 건망증도 치매의 초기 증상이 될 수 있으니 방심하지 말고 운동도 열심히 하며 뇌를 쓰는 그림이나 글쓰기를 하면 좋습니다."라고 조언해 주었다.

두 친구와 운동을 하고 나서 문화센터에서 사귄 언니에게 전화를 걸었다. 지난번에 맛있게 먹었던 식당에서 만나자는 약속을 하고는 그 언니가 집에서 걸어오는 시간에 맞춰 식당에 갔다.

그 언니는 아직 도착하지 않았다. 자리를 잡고 앉아서 식당 유리 창문으로 내다보니 언니가 육교 건너편 엘리베이터에서 내리고 있었다. 내가 곧장 전화를 걸어서 "육교를 건너서 왼쪽으로 식당이 있다."라고 알렸다. 3분도 안 걸릴 거리인데 5분이 지나도 언니가 나타나지 않았다. 친구가 언니를 찾으러 밖으로 뛰어나갔으나 친구도 언니도 오지 않았다. 음식은 이미 시켜서 나왔는데….

얼마 후 친구가 언니와 함께 들어왔다.

"언니가 반대 방향으로 한참을 가서 횡단보도를 건너려고 기다리고 있었어. 조금만 늦었으면 언니를 만나지 못할 뻔했다."라면서 웃었다. 우리 셋이 점심을 맛있게 먹고 헤어졌다.

집에 와서 텔레비전을 보고 있는데 언니한테서 전화가 왔다.

"나 오늘 창피해서 죽을뻔했어."

"언니 무엇이 창피해요."

"아까 식당을 못 찾고 반대 방향으로 간 것이 그렇게 창피하네. 치매 걸린 것 같아."

언니가 긴 한숨을 쉬었다.

"언니, 걱정하지 마세요. 나도 그래요."

지난번 친구의 현관 비밀번호 이야기를 하며 우리 나이에는 가끔 치매가 아니라 건망증이 나타난다며 위로해 주었다.

나이 든 사람들은 치매라는 병을 너무나 두려워하여 가끔 건망증 증세가 보이면 치매로 인식하고 걱정하는 것 같다. 그래서 나도 꿈까지 꾸었나 보다. 겁내지 말고 의사의 말대로 건망증에서 벗어나려면 꾸준히 운동하고 아무 일이나 열심히 하면 예방할 수 있다. 그런 망상과 걱정, 건망증은 잊어버리고 활기찬 생활 속에서 치매 없는 노후를 보장받아야 하겠다.

건강을 잃으면 우선 나 자신이 불행하고 가족들에게 말할 수 없는 고통을 안겨주게 된다. 우리 자식들에게 그런 짐을 지게 할 수는 없다. 날마다 운동을 열심히 하면서 글쓰기를 게을리하지 않고 죽을 때까지 건강을 지키면서 치매 없이 잘 살아가야 할 것 같다.

경로 우대증

어느 날 외출했다가 집으로 돌아올 때였다. 지하철에서 내려 자동 개표구에 경로 우대증을 대니 '삐빅' 하는 경쾌한 소리가 났다.

'어르신 그냥 나가도 됩니다.'

이 소리는 나이 많은 나를 극진히 대접하는 것 같아 항상 기분이 좋다. 개표구를 나와 의기양양하게 걸어 나오는데 누가 나를 불렀다.

"저기요, 아주머니!"

뒤를 돌아보았다. 유니폼을 입은 역무원이었다. 나는 무슨 잘못이라도 했나 싶어 덜컥 겁이 나며 가슴이 콩닥거렸다.

"아주머니 죄송합니다만 무임승차 단속 중인데 신분증 좀 보여주시겠어요."

얼른 핸드백을 열고 신분증을 꺼내주었다. 직원은 신분증을 자세히 보더니 나를 향해 고개를 숙이며 사과하였다.

"아이고! 사모님 죄송합니다. 무척 젊어 보여서 큰 실례를 했네요."

어이가 없고 불쾌했지만 젊다는 한마디에 불편했던 마음은 봄눈 녹듯 사라졌다. 집으로 오는데 콧노래가 절로 나왔다.

사업을 할 때도 승용차를 집에 두고 전철을 타고 다녔다. 출퇴근 시간에는 도로가 막혀 출근 시간을 제대로 지킬 수가 없었기 때문이다. 지금도 약속 장소에 갈 때나 시간 여유가 있을 때면 전철을 탄다. 승용차는 장거리 여행을 갈 때나 짐이 많을 때만 이용하고 있는데 주차할 곳이 마땅치 않아서 오히려 불편하다. 또 교통상황에 따라 약속 시간을 제때 맞추기도 어렵다. 대중교통을 이용하면 그냥 간편하게 핸드백 하나 챙겨 들고 나서면 되니 그렇게 홀가분할 수가 없다. 나처럼 생각하는 사람이 많다면 교통 체증 해결에 많은 도움이 될 것 같다.

나는 전동차 안에서 승객들의 표정을 쳐다보는 습관이 있다. 스마트폰으로 동영상을 보거나 전화하는 승객이 대부분이다. 좌석에 앉아 이어폰을 귀에 꽂고 눈을 감은 채 주위 사람들은 나 몰라라 하는 사람도 있다. 어떤 분은 표정 없는 얼굴로 앞만 바라보고 있다. 그 사람들의 표정에서 희로애락을 읽을 수 있다. 그들의 마음을 읽다 보면 내 삶도 반추해 보게 된다. 대부분 사람은 전철을 타면 먼저 빈자리부터 찾는다.

 어느 날 내 앞에 빈자리가 생겼다. 바로 앉지 못하고 옆에 노약자나 임신부가 있으면 양보할 생각으로 두리번거리는데 젊은 아가씨가 재빠르게 달려와 나를 밀치고 그 자리에 앉아 버렸다. 참으로 어이가 없어 한마디 할까 싶었지만 참고 말았다. 나는 경로 우대증이 있어도 전철을 타면 불편한 사람을 위해 좌석에 앉기를 망설이게 된다. 요즈음은 어른, 중년, 청소년 모두가 빈자리가 있으면 행운을 얻은 것처럼 주위도 돌아보지 않고 달려가 앉는다.

 어느 때인가, 몸이 으슬으슬하고 미열이 있어 서둘러 집으로 오기 위해 전철을 탔다. 경로석이 비어 있어 그 자리에 앉자마자 눈이 저절로 감겼다. 나도 모르게 깜박 졸고 말았다. 스마트폰이 울리는 바람에 눈을 떴다. 핸드폰을 진동으로 해놓지 못한 마음에 주위를 살피는데 내 옆에 등을 돌리고 서 있는 흰머리의 노인이 보였다. 나는 벌떡 일어나며 말했다.

"할아버지, 여기 앉으세요."

그 소리에 할아버지가 고개를 돌리는 순간 어이가 없었다. 그분은 할아버지가 아니고 하얀색으로 염색한 청년이었다. 청년도 어쩔 줄 몰라 했다. 순간 주위 사람들의 폭소가 쏟아졌다. 쑥스러워 고개를 들 수 없었다.

그 뒤부터는 전철을 타면 경로석에 빈자리가 있어도 앉기를 주저한다. 어쩌다 경로석에 앉아 편하게 갈 때면 감사한 마음을 느낀다. 요금도 면해주고 경로석까지 만들어 노인들을 대접해 주니 이보다 더 고마운 일이 어디 있겠는가.

외출을 자주 하는 나는 전철을 타고 다니며 일거양득의 혜택을 얻는다. 만만치 않은 교통비를 절약할 수 있고 많이 걷게 되니 부실한 내 건강에도 도움이 된다. 나이가 들수록 많이 걸어야 건강을 유지한다는 상식을 몸소 체험하고 있는 셈이다. 외출 때마다 전철을 타고 목적지까지 가다 보면 자연히 많이 걷게 된다. 나이 많은 내게는 건강의 비결이 되는 셈이다.

    서울 지하철은 우리 생활에 많은 도움을 주고 있다. 약속 시각을 정확하게 지키도록 보장해 주고 환승만 하면 어디든지 갈 수 있도록 거미줄처럼 연결되어 있다. 참으로 편리한 삶을 살아가는 데 일등 공신이 아닌가.

    오늘도 개표구를 나가면서 경로 우대증을 찍으니 '삐빅' 하는 소리가 마치도 '어르신 오늘도 수고 많으셨습니다. 안녕히 가세요.'라고 나의 지친 일상을 위로하는 듯하다.

    집으로 돌아오는 발걸음이 어느 때보다 가볍다.

관악산 일출을 보고

15년 전에 등산을 같이 다니던 친구 딸의 결혼식장을 찾았다. 그동안 만나지 못한 둘은 결혼식장이라는 것도 망각하고 반가워 서로 부둥켜안고 어쩔 줄 몰랐다.

"어!! 언니도 왔네."

귀에 익은 소리에 뒤돌아보니 그때 등산 일행이었던 한양도 와 있었다. 한양아파트에서 살아서 우린 그녀를 그렇게 불렀다.

옛날 등산할 때의 기억이 떠올랐다.

새해 아침에 한양과 둘이 관악산 일출을 보러 가기로 했다. 고등학교 3학년에 올라가는 아들 입시를 위해 기원하고 싶어져서 그런 제안을 한 것 같았다. 나도 가족들 안녕도 빌고 내 건강도 회복시켜 달라고 기원하고픈 마음이 생겨 약속했다.

어느덧 새해 아침을 맞이했다. 한양과 약속한 대로 관악산 일출을 보려고 새벽 5시 50분에 집을 나섰다. 새벽 등산은 처음이었다. 손전등으로 길을 비추며 어둠을 헤쳐나가니 공기도 신선하고 마음도 설레었다. 하지만 어두운 새벽길은 무서움도 뒤따랐다.

완전 무장한 얼굴에도 한겨울 새벽 칼바람이 파고들었다. 마스크 틈새로 입김이 새어 나와 안경에 자꾸만 김이 서렸다. 마스크를 벗으니 호흡이 편하고 앞이 잘 보여 좋았는데 칼바람이 얼굴을 할퀴고 지나가는 것같이 고통스러웠다. 그래도 볼을 비비며 산을 올랐다.

한양이 뒤따라오면서 가쁜 숨소리로 말했다.

"언니! 일출을 보려고 가는 사람들이 참 많네요."

"그래! 우리도 오늘 잘 왔지?"

등산로 들머리에서 약수터까지는 가로등이 켜져 있어 좋았는데 약수터를 지나니 가로등이 없었다. 그래도 눈썹 같은 하현달이 서쪽 하늘에서 우리가 걷는 길을 비춰주고 있었다. 새벽달을 그토록 고맙게 느껴 본 적은 내 생전 처음이었다. 손전등과 눈썹달 덕분에 우리는 산을 오르는 데 별로 어려움이 없었다.

관악산 정상을 오르는 길은 여러 갈래 길이 있지만 나는 항상 이 길을 이용했다. 등산로엔 잣나무 숲이 있어 향긋한 솔향이 산을 오르는 나를 상쾌하게 해주기 때문이었다. 잣나무 숲을 지나면 '깔딱고개'가 나온다. 건강한 장정들도 넘을 때 숨이 깔딱 넘어갈 정도로 힘들어 붙여진 고개라고 했다. 우리는 쉬엄쉬엄 고개를 넘어 전망대까지 올라갔다. 그렇게 천천히 올라갔는데도 얼마나 힘든지 추위에 빨개졌던 얼굴에서도 땀이 뚝뚝 떨어졌다.

전망대를 지나 오솔길로 접어드니 평평한 길이 나왔다. 많은 등산객은 서로 앞서거니 뒤서거니 하며 소곤소곤 얘기를 나누면서 넝쿨 터널까지 걸었다. 새해 소망을 빌러 가는 사람들이 이렇게나 많은 것을 보고 나도 놀랐다.

너럭바위까지는 힘하지만, 그런대로 갈 수 있는 코스였다. 그곳을 지나면 난코스로 이어지는데 가파른 바위를 타고 올라가야 했다. 아니면 그 바위를 돌아 오솔길로 가야만 했다. 그길로 가면 거리도 멀고 시간이 오래 걸리니 국기봉에 늦게 도착하여 일출 순간을 놓칠 것 같았다. 우리는 가파른 바위를 타기로 했다. 매우 긴장된 마음으로 바위를 한참 올라갔는데 오른쪽에 더 가파른 바위가 있었고 왼쪽에는 완만한 바위가 나타났다. 뒤따라 올라오던 한양이 소리쳤다.

"언니! 거기 너무 위험하니 이쪽으로 가요."

"괜찮아! 국기봉에 가려면 이 바위를 넘어야 스릴도 있고 묘미도 있어."

내가 처음 관악산 국기봉 등산 때마다 이곳에서 앞 사람이 내 손을 잡아당기고 뒤에서 밀어주었다. 한 달여쯤 그랬는데 이제는 도움 없이도 거뜬히 올라갈 수 있었다. 한양은 왼쪽 바위를 타고 나는 오른쪽 가파른 바위를 타고 국기봉에 도착했다.

국기봉에 도착하니 이미 많은 사람이 와 있었다. 우리는 해돋이가 잘 보일 곳에 자리를 잡았다. 뜨거운 물에 커피를 타서 초코파이와 함께 먹고 나니 추위가 잠시 가셨다. 국기봉 바위에 오래 앉아 있으려니 너무 추웠다. 일어서서 시린 발을 동동거리며 산 아래를 내려다보고 있자니 아직도 등산객이 정상을 향해 줄지어 올라오고 있었고, 지친 듯 앉아 쉬는 등산객들도 눈에 들어왔다. 울긋불긋한 등산복 색깔이 가을 단풍 같기도 하고 물감을 뿌린 듯 아름다웠다.

우리나라에서 제일 먼저 해가 뜨는 곳은 울산 '간절곶'이다. 일출 시각은 7시 31분이라고 했다. 그런데 관악산 일출봉에서는 7시 45분에 구름 한 점 없이 불덩이 같은 해가 봉긋 그 모습을 보였다.

"와~!"

순간 함성이 터지고 모두 양팔을 올리고 뛰며 어찌할 줄 몰랐다. 출발할 때 서로 카메라를 가져오겠지 생각하고는 미처 준비하지 못해서 그 아름다운 순간을 담아 오지 못해 두고두고 아쉬움으로 남아 있다.

많은 사람이 이런 아름다움을 보려고 새벽 일찍 힘든 고행길을 올라왔을 것이다. 모두가 자기 마음속에 담았던 소망을 새해 아침 떠오르는 찬란한 해에 빌고 얼마나 큰 위안을 받았을까? 그곳에 모인 모든 분의 마음이 하나 되어 태양 속으로 빨려 들어가는 것만 같았다. 미처 정상에 오르지 못한 사람들로부터 파도타기 응원처럼 함성이 관악산을 흔들어 놓고 있었다. 순간 나도 모르게 눈물이 났다.

솟아오르는 태양을 바라보며 한양은 두 손을 모으고 한참 동안 고개를 숙이고 소망을 빌고 있었다. 무엇을 빌었을까? 아마도 가족의 건강과 아들의 대학 진학을 위해 간절하게 빌었을 것이다. 나도 우리 가정의 소망과 무엇보다도 내 건강을 빌고 또 빌었다.
   내 가슴속으로 한 줄기 희망의 햇살이 들어와 온몸으로 퍼지는 것 같았다.

단감

영자네 할머니는 볼 때마다 담배를 입에 물고 있었다. 입담도 거칠었다. 항상 욕을 입에 달고 다니셔서 우리는 욕쟁이 할머니라고 불렀다. 욕만 잘하는 것이 아니라 오지랖이 넓어 남의 일에 잘 끼어들었다. 자기 비위에 거슬리면 화를 내고 욕부터 해대니 동네 사람들과 다투는 일도 많았다. 성격도 괴팍스러워 친구들은 할머니를 무서워했다. 욕쟁이 할머니가 보이면 어린 우리는 호랑이처럼 무서운 할머니가 온다며 도망치곤 했다.

여름방학이 끝날 무렵이었다. 방에서 밀린 숙제를 하고 있는데 방문으로 작은 흙덩이가 날아왔다. 직감적으로 친구들이 나를 부르는 신호라는 것을 알아차렸다. 조용히 문을 열고 밖으로 나갔다.

"나 숙제해야 하는데…."

"야! 중학생도 숙제가 그렇게 많니?"

"말도 마, 초등학교 숙제는 숙제도 아니야."

친구들은 나이가 같았지만 나는 학교를 일찍 들어가 중학생이었고 그들은 아직 초등학교에 다니고 있었다. 학교는 내가 선배이지만 모든 행동에서 친구들이 나보다 월등해서 선배처럼 행동했다. 나를 불러낸 이유를 물었다. 한 친구가 바가지를 보여주며 말했다.

"지금 영자네 단감 서리하러 가는데 함께 가지 않을래?"

"뭐야! 호랑이 할머니한테 들키면 어쩌려고? 난 무서워서 안 갈래…."

친구들은 나보고 겁쟁이라면서 자기네끼리 가겠다고 했다. 나를 두고 돌아서는 순간 '겁쟁이'라는 말이 내 자존심을 건드렸다. 결코 겁쟁이가 되고 싶지는 않았다. 용기를 내서 나도 함께 가겠다며 따라나섰다.

영자네 단감은 다른 감보다 일찍 익었다. 잘 익은 단감을 한입 깨물면 아삭하는 소리와 단물이 입에 가득 고였다. 맛있는 단감을 먹고 싶은 욕망이 충동질했다. 단감나무는 마당을 지나 집 뒤 대나무밭에 있었다. 우리는 살금살금 걸어서 단감나무 밑으로 갔다. 두 친구가 가져온 바가지를 머리에 뒤집어쓰고 감나무 위로 올라갔다. 감이 바가지에 부딪히면 탁탁 소리가 났다. 그러면 친구는 손을 내밀어 감을 따서 밑으로 던졌다. 그때야 친구들이 바가지를 가져온 이유를 알았다. 달밤이지만 감나무 잎 때문에 감이 보이지 않으니 바가지를 쓰고 올라간 것이다. 감나무 위에서 밑으로 던진 감은 데굴데굴 굴러 풀숲으로 들어가 찾기가 어려웠다. 나무에서 내려온 친구들이 주워 모아놓은 감을 보더니 이것밖에 못 주웠냐며 핀잔을 주었다.

"너는 왜 하는 짓마다 맹하냐?"

"내가 왜 맹해? 안 보이니까 못 주웠지. 그러면 다음부터 나를 부르지 말고 너희끼리 해."

화를 내며 뒤돌아 집으로 오니 친구들이 붙잡았다. 친구들은 나를 달래려고 내가 주운 감을 전부 나에게 주고서 풀숲에 가서 바가지에 가득 감을 주워 왔다. 감을 가지고 냇가로 가서 씻은 후 깔깔대며 맛있게 먹었다.

작년에 동네 남자애가 감을 따다가 욕쟁이 할머니한테 들켰다. 매일 학교에서 돌아오면 할머니 집에 들러 단감이 다

없어질 때까지 시키는 일을 했다는 것이다. 단감을 맛있게 먹기는 했지만, 우리도 할머니한테 들키면 어쩌지 하는 생각에 겁이 났다. 내일 아침이면 호랑이 같은 할머니가 펄쩍펄쩍 뛰면서 온 동네를 향해 소리칠 것이다.

"어떤 놈들이 우리 단감을 다 따갔어! 잡기만 해 봐라. 감값을 다 물리고 말 거여."

화가 잔뜩 나 있을 욕쟁이 할머니를 생각하면 겁이 났다. 걱정을 안고 잠을 설치다가 새벽에야 눈을 감았다.

아침에 일어나니, 아니나 다를까 욕쟁이 할머니가 동네를 돌며 큰소리로 단감 도둑이 누군지 다 알고 있다며 좋은 말 할 때 자수하라고 엄포를 놓았다. 그 소리에 할머니가 단감을 딴 범인이 우리라는 것을 알고 하는 말인 줄 알았다. 간이 콩알만 해져서 문도 못 열고 가슴만 졸이고 있었다. 아침을 먹으라는 어머니 말에 배가 아파 밥을 먹기 싫다고 핑계를 대고 자리에 눕고 말았다.

점심때쯤 일어나 친구를 찾아갔다. 그 친구는 아무 일도 없다는 듯 태연하게 나를 맞았다. 친구더러 아침에 욕쟁이 할머니 소리를 들었냐고 물으니 들었다면서 나를 쳐다보았다.

"할머니가 우리가 감 훔친 것을 알고 있나 봐."

"야! 걱정하지 마, 욕쟁이 할머니는 남자애들이 감을 따갔을 것으로 생각하고 그렇게 말했을 거야."

친구 말을 듣고서야 마음이 조금 놓였다. 그래도 마음이 켕겨 욕쟁이 할머니를 보면 깜짝 놀라 나도 모르게 고개를 숙였다. 멀리서 할머니를 보기만 해도 얼른 자리를 피해 다른 길로 돌아갔다. 나를 불러 세우고 호통을 칠 것만 같았다.

"너! 우리 단감 훔쳐 갔지?"라고 물을 것만 같아 가슴이 두근거렸다. 왜 내가 그 못된 짓을 해서 이렇게 고통 속에서 지내고 있는지 후회가 막심했다.

단감 서리는 감추고 싶은 추억이지만 내게 큰 교훈도 안겨주었다. 도둑맞은 사람은 편히 자는데 도둑질한 사람은 발을 못 뻗고 잔다는 사실을 깨닫게 해주었다. 그래서 지금까지 남에게 손가락질을 받는 일은 하지 않고 편안한 마음을 가지려고 노력한다. 우리 자식들에게도 남의 것을 탐내지 말라고 타이르며 살고 있다.

밭 한번 매 봐

 마트에서는 단수수 줄기를 단으로 묶어 진열해 놓고 팔고 있었다.
 "어머! 요즘에도 단수수가 시장에 나오네."
 단수숫단을 집어 들고 보니 잊었던 옛 친구를 만난 듯 반가웠다. 소녀 시절 추억 한 자락이 아련하게 떠올랐다.
 그 시절에는 무더운 여름밤이면 동네 사람들이 저녁을 먹고 나서 하나둘씩 우리 집으로 모여들었다. 어른들은 물론 내 친구들까지 찾아왔다. 넓은 앞마당은 어른들 차지였다. 모깃불을 피워 놓고 멍석 위에 앉아 담소를 나누었다. 그러면 어머니는 부엌에서 삶은 감자와 옥수수를 들고나오셨다. 어른들은 간식을 먹으며 밤이 깊도록 이야기를 나누었다.

저녁마다 우리 집에 사람들이 모이는 것은 어머니의 이런 후한 인심 덕분이리라. 친구들과 같이 뒷마루에 걸터앉아서 옥수수를 먹으며 하늘에 가득한 별들을 바라보았다.

"야! 저 별들 좀 봐. 금방이라도 쏟아질 것 같아."

"어~어, 저기 별똥별이 떨어진다. 저 별똥별은 어디로 가는 걸까?"

우리는 저마다 자기의 별을 정해놓고 서로 제 별이 더 밝다며 야단을 피웠다. 밤이 깊어 어른들은 집으로 돌아가고 우리 친구들만 남았다. 그때 순덕 언니가 입을 열었다.

"우리 심심한데 뭐 할까?"

"우리 집에서 내일 단수수를 팔러 간다고 하더라. 우리 밭에 가서 단수수를 서리해 오자."

"그러면 중환이네 단수수를 서리하러 가는 거야."

중환이 오빠가 제안에 순덕 언니가 마루에서 내려와 우리 집 연장 창고에 들어가 낫을 들고나왔다. 날 선 연장을 보고 무서워서 벌벌 떠는데 나에게 순덕 언니가 말했다.

"야! 뭐가 무섭니. 나만 따라와."라면서 앞장을 섰다. 나는 안 가겠다고 했다. 순덕 언니가 웃으면서 다시 채근했다.

"무슨 소리야? 니가 가야지."

"싫어, 난 안 갈 거야."

그날은 왠지 가기가 싫었다. 옥순이와 정선이 그리고 외갓집에 놀러 온 영희까지 합세해서 같이 가자면서 나를 끌어당겼다.

남자애들이 서리할 때는 내 남동생이 항상 같이 갔고 여자애들이 서리할 때는 나를 꼭 불렀다. 만약에 들키면 동네 사람들은 우리 남매를 보고서 너그럽게 용서해 주곤 했었기 때문이다. 그래서 서리할 때는 우리 남매를 방패막이로 꼭 데리고 가려 했다. 인자하신 할머니와 동네 사람들에 존경받는 부모님 덕분이었을 게다. 나는 밤눈도 어두운 편이고 겁이 많아서 그런지 그날은 더욱더 가기 싫었다. 그렇지만 친구들 성화에 어쩔 수 없이 따라나섰다.

모두 발소리마저 죽여 가며 조심조심 밖으로 나갔다. 오빠네 집을 지나서 단수수 밭에 도착하자마자 맨 앞에 가던 순덕 언니가 단수수 밑동을 싹둑싹둑 베기 시작했다. 단수수 넘어지는 소리가 스르륵 스르륵 밤공기를 가르고 유난히 크게 들렸다. 단수숫대 넘어지는 소리에 나는 간이 콩알만 해졌다.

모두 단수숫대를 질질 끌며 도망치는데 나는 맨 뒤에서

따라가다가 땅에 떨어진 것을 줍기에 바빴다. 좁은 밭둑을 지나 야산을 오르는데 앞서가던 친구들이랑 순덕 언니가 보이지 않았다. 그곳은 묘지도 있었고 컴컴한 대나무밭도 있었기 때문에 더 무서웠다. 나 혼자라고 생각하니 더욱 공포감이 들어 다리가 후들거렸다. 뒤에서 사람이 쫓아오는 것을 눈치챈 친구랑 언니는 모두 숨어버렸다.

"옥순아! 정선아! 영희야!"

아무리 불러도 나오는 사람이 없었다. 그때 뒤를 돌아보는 순간 깜짝 놀랐다. 하얀 옷을 입은 사람이 떡 버티고 서 있는 것이 아닌가.

"으~악! 어머니, 나 살려!"

나는 양손에 든 단수숫대를 모두 팽개치고는 두 손으로 얼굴을 감싼 채 그 자리에 주저앉아 말도 못 하고 벌벌 떨고 있었다.

"응! 낙진이구나. 난 땡땡이 아저씨야. 괜찮니? 정신 차려라."

내 어깨를 흔들었다. 중환 오빠네 아랫집에 사는 아저씨였다.

"아저씨!"라면서 나는 아저씨한테 와락 안겼다.

"괜찮아, 나쁜 놈들이 한 줄 알고 쫓아 왔는데…. 누구랑 같이 왔니?"

아저씨가 물어보는데 차마 순덕 언니 이름만은 말할 수 없었다. 다른 친구들은 나와 동갑이지만 순덕 언니는 우리 언니와 동갑이고 언니 친구인데 도저히 말할 수가 없었다.

다음날 단수수 값을 모아서 옥순이와 둘이 용서를 빌러 갔다.

"아주머니, 죄송합니다. 여기 단수수 값이에요."

"그래, 서리하는 것은 좋은데 한두 개만 해야지, 그렇게 밭을 엉망으로 해놓으면 어떡하니?"

아주머니께서 웃으시며 돈은 받지 않으셨다.

"그러면 우리 아버지한테 말할 거예요?"

"아니, 내일 우리 밭매는 날인데 네가 와서 밭 한번 매 봐."

단수수 값 대신 밭을 매라고 하셨다. 호미 한번 잡아보지 않은 터라 은근히 걱정되었다. 그리고 우리 집에서 왜 남의 밭을 매러 가냐고 물으면 무어라고 대답해야 할까 암담했다. 나는 못 하겠다는 말도 못 하고 그냥 돌아왔다.

옥순이와 정순이, 순덕 언니에게 대신 가서 밭을 매달라

사정을 했더니 모두가 깔깔 웃었다. 중환이 어머니는 네가 어떻게 하는지 보려고 그러니 안 가도 된다고 해서 마음을 놓았다.

잘 익은 단수수는 껍질을 벗길 때 잘못하면 입술과 손가락을 베어져 피가 났다. 그렇지만 한입씩 깨물면 달콤한 꿀물이 목 안을 적시는 느낌이 얼마나 감미로운지 지금도 그 맛을 잊을 수 없다.

단수수는 어린 시절 우리의 간식거리였다. 그러나 중환이 오빠네 집에선 한 해 농사나 다름없는데 우리는 단지 심심풀이 해소를 위해 그런 철없는 행동을 저질렀다. 그때는 왜 그런 부끄러운 짓을 했는지. 생각할수록 중환 오빠 부모님께 죄송할 따름이다.

딸기 서리

요즈음은 제철이 아니라도 언제든지 먹을 수 있는 게 과일이다. 한겨울에 이처럼 싱싱한 딸기를 먹을 수 있다니. 문득 옛날 일이 생각났다.

열네 살 나는 개구쟁이 소녀였던 것 같다. 사내아이도 아니면서 옥이와 순이 그리고 나, 이렇게 셋이 만나면 늘 일을 저질렀다. 그날도 일찍 잠자리에 들려고 호롱불을 막 끄려던 순간이었다. 무언가 문에 맞아 딱! 하는 소리가 났다. 친구들이 밖에서 작을 돌멩이를 던진 것 같았다. 난 재빨리 일어나 방문을 살짝 열고 밖을 내다보았다. 아직 잠이 안 든 식구가 있는지 살피고 도둑고양이처럼 살금살금 대문을 열고 나섰다.

대문 밖에는 친구 둘이 울타리 옆에 바짝 붙어 있다가 나를 알아보고 다가왔다. 우리는 그날 밤 딸기 서리를 모의했다. 옥이가 말했다.

"날 따라와. 오늘 내가 봐 둔 곳이 있어."

우리는 어둠 속을 헤엄치듯 한참을 걸었지만 앞서가는 친구는 멈출 기미를 보이지 않았다. 60년대에는 비닐하우스 농업이 발달하지 않아 제철에만 과일을 먹을 수 있었다. 우리 동네에는 딸기밭이 없으므로 조금 멀리 떨어져 있는 동네까지 가야만 했다.

논 가운데로 난 들길을 따라 한참을 걸었다. 밤바람이 상쾌했다. 달이 있기는 했지만 구름도 약간씩 끼어 어슴푸레했다. 밝은 달밤보다 서리하기에 좋은 날씨인 것 같았다. 우리는 소곤거리며 이야기하다 보니 어느덧 딸기밭에 이르렀다.

딸기밭 울타리를 뚫고 허리를 굽혀 살금살금 기어서 들어갔다. 밤눈이 어두운 나는 익은 딸기를 찾지 못하고 왔다 갔다 하니 순이가 작은 소리로 말했다.

"너는 이리 와서 치마나 벌려 봐."

난 치마폭에 딸기를 받아서 먼저 밖으로 나와 친구들을

기다리고 있었다. 주인에게 들킬 것만 같다, 가슴이 두근거렸다. 한참 있다가 두 친구가 나오면서 빨리 가자고 했다. 나는 뒤따라가다 그만 나뭇가지에 걸려 넘어졌는데 앞서가던 친구들이 빨리 오라며 뛰어갔다. 얼른 일어나 허둥지둥 뒤따라가는데 무릎이 아팠지만 들킬지 모른다는 두려움에 아프다는 말도 못 하고 치마에 담긴 딸기를 가슴에 꽉 움켜쥐고 뛰어서 냇가로 갔다.

내 치마폭에 있던 딸기는 모두 으깨어져 엉망진창이 되어 있었다. 순이가 혼자서 중얼거렸다.

"어이구 호박이 하는 짓이 그렇지, 그러니까 너희 할머니가 호박이라고 별명을 지어주셨지."

항상 몸이 약한 나를 어린 애호박같이 약하다고 붙인 이름인데 친구들은 '애' 짜는 빼고 그냥 호박이라고 불렀다.

"야! 너는 딸기가 더 귀하니? 나는 넘어져서 무릎에서 피가 나는데…."

치마를 걷어 무릎을 보여주었다. 그제야 친구들이 아프겠다면서 냇가에서 무릎을 닦아주고, 셋이서 남은 딸기를 씻어 맛있게 먹었다.

도둑고양이처럼 방안으로 살금살금 들어가서 곧 잠이 들

었을까. 꿈속에서 딸기 서리를 하다가 들켜서 도망치는데, 평소에도 운동신경이 둔한 나는 아무리 달려도 제자리걸음만 하다 주인아저씨에게 잡혔다.

'아저씨 잘못했어요'라고 소리 질렀는데, 그 소리에 깜짝 놀라 깨어 보니 땀으로 등이 흠뻑 젖어 있었다. 꿈속에서 얼마나 헤매었는지 늦잠을 잤으나 일요일이어서 다행이었다.

아침에 일어나 치마를 입으려고 보니 새 치마에 딸기 물이 가득 들어있었다. 어머니가 며칠 전에 꽃무늬 포플린으로 해준 치마인데 도저히 입고 나갈 수가 없었다. 예쁜 꽃무늬 포플린 치마가 아까웠지만 돌돌 말아서 대청에 있는 뒤주 뒤에다 몰래 숨겨 놓고 시치미를 떼었다.

다음날 학교 가는 길에 지난밤에 서리한 딸기밭을 지나는데 딸기밭 주인이 '네가 어젯밤에 우리 딸기 서리했지.'라며 딸기밭에서 튀어나올 것만 같았다. 새가슴이 되어 언니 오빠들 속에 숨어서 딸기밭을 한참 지나치고 나서야 휴! 안도의 숨을 쉬었다.

학교에 가서 책을 펼쳤는데도 자꾸 딸기밭이 생각났다. 아침에는 일찍 아저씨가 안 나왔지만, 저녁때는 분명 딸기밭에서 일하다가 나를 잡을 것 같았다. 그 후로도 가끔 컨디

션이 좋지 않을 때면 딸기밭 아저씨한테 쫓기는 꿈을 꾸는데 발걸음이 떨어지지 않아 발버둥을 치다 깨어 보면 땀으로 등이 흠뻑 젖어 있었다. 생전 처음 해 보는 딸기 서리라 무서웠다.

잊을 수 없는 추억으로 남아 지금도 죗값을 치르고 있는 것만 같다. 그렇게 우리는 짓궂은 일들을 만들면서 성장했던 것 같다.

어린 마음에 딸기가 먹고 싶다고 한 일이지만 지금 생각하면 지워버리고 싶은 추억의 한 장면이라 부끄럽고 미안함이 앞선다. 딸기밭 주인에게는 가족을 건사해야 할 한 해 농사였을 텐데 말이다.

찐 감자

 아들이 찐 감자가 먹고 싶다고 했다. 평소에는 찐 감자를 쳐다보지도 않던 아들이라서 그 이유가 궁금했다. 텔레비전에서 가족들이 둘러앉아 찐 감자를 먹는 장면을 보는데 갑자기 먹고 싶어졌다고 했다. 사다 놓은 감자를 씻어 냄비에 안쳤다. 감자를 찌면서 어린 시절 감자 서리를 했던 추억이 떠올라 혼자서 웃었다.
 달이 밝은 토요일 밤, 어김없이 친구들이 우리 집으로 모였다. 한 친구가 감자 서리를 하러 가자고 했다. 누구네 감자밭으로 갈 것인가를 고민했다.
 "우리 밭으로 가자. 남의 것 하는 것은 도둑질 같아서 싫어."

"그럼 너네 감자밭으로 가자."

우리는 항상 서리할 때는 달이 밝은 보름날 저녁을 택했다.

한 친구의 집으로 가서 호미와 바구니를 가지고 나와 우리 밭으로 향했다. 우르르 몰려 들어가 닥치는 대로 줄기를 잡아 뽑았다. 도둑고양이처럼 살금살금 바구니에 담아서 감자밭을 빠져나왔다.

감자를 씻으려면 두레박으로 우물물을 길어야 하는데 우물이 깊고 캄캄하여 무서웠다. 나는 두레박을 친구에게 넘겼다. 친구가 조심조심 물을 퍼서 감자를 씻었다.

씻은 감자 바구니를 들고 다시 친구 집으로 향했다. 그 친구는 우리 집안 친척이었다. 감자를 솥에 넣고 보릿대로 불을 지피니 보릿대 터지는 소리가 타닥타닥 나서 방에서 주무시는 친구 부모님이 깨실까 봐 우리는 조마조마했다.

한 손으로 보릿짚 끝을 잡고 한 발로 밟아 죽 훑어서 속의 공기를 빼서 친구에게 건네주었다. 친구는 그것으로 불을 지펴 감자를 쪘다. 출출하던 참에 몰래 서리해서 먹는 감자 맛은 표현할 수 없을 만큼 꿀맛이었다. 실컷 먹고 남은 감자는 다음 주 토요일에 만나서 먹기로 하고 바가지에 담아 선반에 올려놓았다.

새벽이 되어 집으로 돌아와 잠이 들었다. 잠결에 들으니 아침에 밭에 다녀오신 할머니께서 어젯밤에 우리 감자밭을 망쳐 놓았다며 야단이셨다.

"어떤 놈들이 감자밭을 망쳐 놓았시야. 그놈들을 잡으면 요절을 낼 것이여."

할머니의 소리에 웃음이 나왔지만, 쥐 죽은 듯 있다가 다시 잠을 잤다.

한나절까지 자고 있는데 친척 아주머니께서 우리 집에 오셨다. 아주머니는 나를 찾았다. 어머니는 무슨 일로 우리 애를 찾느냐며 자는 나를 깨웠다. 부스스 일어나는 나를 보고 다짜고짜 윽박질렀다.

"낙진이 너! 어제저녁 누구네 감자를 훔쳐다 우리 집에서 삶아 먹었니?"

나는 대답을 못 하고 머뭇거렸다.

"어서 말해! 내가 방에서 네 목소리를 똑똑히 들었으니까."

"우리 거 했어요."

난 고개를 푹 숙인 채 기어들어 가는 소리로 대답했다. 그제야 상황을 알아차린 어머니가 말했다.

"어이구! 이것들 짓이구먼. 아침에 어머님이 밭에 다녀와 역정을 내셨는데…."

아주머니는 우리 어머니를 보면서 말을 이었다.

"아 글쎄, 잠을 자는데 방이 차츰차츰 더워지는 거야. 그래서 가만히 부엌을 내다보니 부엌에서 애들이 아궁이에 불을 때고 있지 않겠어요. 뭔 짓을 하는지 궁금해 가만히 있는데 애들 아버지까지 일어나면서 투덜대더라고요."

"방이 왜 이렇게 더워?"

"뭐가 더워요, 어서 그냥 주무세요."

일어나 부엌문을 열려는 남편을 만류하면서 못 나가게 했단다.

말없이 아주머니 말을 듣고 있던 어머니가 나를 흘겨보며 한마디 하셨다.

"너, 할머니가 아시면 종아리에서 피가 나게 맞을 줄 알아라."

나는 가만히 있다가 왠지 좀 억울한 생각이 들어서 아주머니에게 한마디 했다.

"아주머니! 우리 집 감자를 내가 서리해 왔는데 아주머니가 왜 야단이에요?"

아주머니는 기가 차서 할 말이 없다는 듯 한마디를 던지고 가버렸다.

"뭣한 놈이 성낸다더니 도둑 주제에 큰소리야!"

밖에 나가셨던 할머니가 잔뜩 화가 나서 집에 들어오셨다. 대문에 들어서기가 무섭게 나를 찾았다. 어디서 들었는지 감자 도둑이 나라는 것을 아시고 부리나케 달려오셨다. 할머니는 회초리를 가지고 방으로 들어오라 하셨다. 우리 집에서는 혼날 짓을 한 사람은 자기가 맞을 회초리를 가져가서 매를 맞아야 했다. 할머니께서 아무 말씀도 없이 종아리를 때렸다. 나는 울며 할머니께 다 말씀드리고 무릎을 꿇고 용서를 빌었다.

"감자가 먹고 싶으면 할머니한테 말하지, 왜 도둑질을 해? 오늘 밤부터 밖에 나가는 것은 생각지도 말아라!"

밤 외출 금지를 당했다. 할머니가 그렇게 화를 내시는 모습을 처음 보았다. 겁을 먹고 벌벌 떨며 울고 있는 손녀가 안쓰럽던지 할머니는 다가와 안아 주며 내 등을 두드려 주셨다.

"낙진아! 남의 물건에 손을 대면 도둑놈이야. 앞으로 절대 남의 물건에 손대면 안 된다."

할머니께 그렇게 혼이 나고도 서리한 감자가 잘 있는지 궁금했다. 며칠 후 친구를 만났다.

"감자는 잘 있겠지?"

물어보니 친구는 고개를 끄덕끄덕했다.

토요일 밤에 할머니 몰래 집을 빠져나와 우리 셋은 또 만났다. 우리는 친구 집으로 갔다. 지난번처럼 한 친구가 엎드리고 내가 그 친구 등에 올라서서 선반에 올려놓은 바가지를 내리는 순간 깜짝 놀랐다.

"앗! 이게 뭐야? 예쁜 복실 강아지가 앉아 있네."

친구들도 놀라서 눈이 휘둥그레졌다.

나는 곰팡이가 핀 감자 바가지를 친구에게 건네주었다. 친구들이 죽는다고 깔깔댔다. 나만 밤 외출 금지령이 내려진 게 아니었다. 감자 서리 소문이 온 동네로 퍼졌고 한동안 서리를 함께 했던 친구들도 밤 외출 금지령이 내려졌다.

지금도 그때 일을 생각하면 웃음이 나오지만, 우리 할머니의 손녀 사랑이 얼마나 컸던지 가늠이 된다. 그때부터 남의 물건에 손대면 안 된다는 것을 깨달은 것 같다. 정직하게 사는 법을 가르쳐 주신 할머니가 고맙기만 하다.

보호자

 어제부터 목이 아프고 몸살기가 있었다. 직원들에게 뒷일을 부탁하고 일찍 집으로 왔다. 약을 먹고 잠자리에 들었다. 그러나 잠결에도 계속 열이 오르고 한기를 느꼈다.
 다음 날 아침 간신히 일어나 아들을 출근시켰다. 직장에는 출근을 못 하겠다고 전화하고 약을 먹고 누워있는데 갑자기 숨이 차오르면서 구토가 나왔다. 조금 지나면 나아지겠지 하며 쉬는데 또 구역질이 나왔다. 벌떡 일어나 화장실에 가서 토하고 났더니 온몸에 열이 오르고 식은땀이 나면서 다리에 힘이 빠져 일어날 수가 없었다.
 이러다 쓰러지면 안 되겠다 싶어 진료카드와 신용카드를 지갑에 챙겨 넣고 집을 나섰다. 택시를 타고 집 가까이에 있는 대학병원 응급실로 가자고 했다.

"괜찮겠어요?"라면서 기사님도 내 모습이 심상치 않게 보였던지 쏜살같이 차를 몰아서 병원 응급실 문 앞에 내려주었다.

"나 좀 살려 주세요!"

응급실에 들어가자마자 나는 그냥 빈 침대에 드러눕고 말았다.

의사와 간호사가 달려와서 어디가 아프냐고 묻는데 말이 나오지 않았다.

"정신 차리세요!"라는 소리가 희미하게 들렸고 나는 주머니에서 지갑을 꺼내주었다. 진료카드와 신용카드를 보더니 혈압과 열을 재고 바로 링거를 놓았다. 담당 의사 선생님이 오셨다. 마음이 조금 진정되어 내 상태를 이야기했다. 일단 검사부터 시작하자며 보호자를 찾았다.

"보호자는 지금 모두 출근해서 집에 없어요, 저녁에나 올 수 있으니 신용카드로 모든 것 결제해 주세요."

"보호자가 없으니 어쩌나…."

남자 간호조무사가 내 침대를 밀고 다니면서 엑스레이실, 시티 촬영실까지 모두 검사를 마쳤다. 입원해야 하는데 입실 서류에 보호자 사인이 필요하다고 했다.

"우선 입원을 시켜 주세요. 저녁에 아들한테 퇴근하고 병원으로 오라고 할게요."

"예! 그러면 지금까지 가족분들한테 연락도 안 하셨어요?"

간호사가 깜짝 놀라며 물었다.

"네. 지금 전화하면 무엇 해요. 아들 걱정만 시키고 여기 와도 특별히 할 일도 없는데, 퇴근하고 와서 사인만 하면 되잖아요?"

간호사가 어이없다는 듯이 고개를 저으며 나갔다. 검진 결과 편도선이 심하게 부어 염증이 생겼는데 조금만 늦었으면 큰일 날 뻔했단다. 더 심하면 숨도 못 쉬게 된다며 수술해야 할 것 같다고 했다. 염증이 심하고 부어서 우선 약으로 치료하고 조금 가라앉힌 후에 수술하자고 했다.

아들이 퇴근 후에 와서 사인하기로 하고 입원실로 들어갔다. 2인실인데 환자가 없었다. 나 혼자 조용하게 쉴 수 있어서 좋았다.

퇴근 시간이 다 되어 갈 때쯤 아들에게 전화했다.

"엄마 대학병원에 입원했으니 여기 와서 사인 좀 해주어야겠다."라는 말에 아들이 깜짝 놀라서 되물었다.

"언제 입원했는데요?"

"그런 것은 묻지 말고 퇴근하면 병원 몇 호실로 와."

아들이 득달같이 달려왔다.

"어머니! 아들을 불효자로 만들려고 작정하셨어요?"

"너희들 결혼시키면 엄마 혼자 살아가야 할 것 아니냐? 이제부터 혼자 사는 방법을 터득하며 살아가려 한다. 숨이 넘어가지 않는 한 너희들에게 알려 바쁜 시간을 뺏고 걱정을 주고 싶지 않구나. 그러니 네 여동생에게도 말하지 마라. 바쁜 애들 먼 길 오는 것도 부담이 되는구나."

내가 보호자 없이 혼자 있다는 것을 안 간호사나 간호조무사들이 휠체어에 태워서 검사를 받을 수 있게 잘 도와주었다. 어떤 사람은 대학병원 직원들이 불친절하다고 하는데 나는 병원을 혼자 다녔다. 그러나 지금까지 불친절하다는 것을 느끼지 못했다. 병원에서 3박 4일간 잘 치료받고 퇴원했다.

몇 년 전에도 나 혼자서 입원한 적이 있었다. 나는 아파서 못 참겠는데 입원실이 없다며 외래로 그냥 통원 치료를 받으라고 했다. 나오다 보니 응급실이 보였다. 무조건 응급실로 들어갔다. 배를 움켜쥐고 나 죽겠다고 기다시피 하며 들어가서 침대에 드러누웠다. 인턴과 간호사가 다가왔다.

나의 진료카드를 내밀며 "소화기내과 아무개 선생님이 내 담당이신데…."라고 했더니 선생님께 전화하는 것 같았다.

"먼저 검사부터 하겠습니다."

남자 간호조무사가 침대를 밀면서 이리저리 검사실을 다니며 검사를 마쳤다. 우선 입원해야 한다면서 보호자를 찾았다. 아이들이 대학생이었을 때라 강의 듣는 중이라면 전화를 받을 수 없을 텐데 생각하면서 전화했더니 역시 받지 않았다. 그래서 입원 서류는 내가 다 쓰고 아이들이 저녁에 오면 사인받기로 하고 2인실에 입원했다. 저녁에 딸이 와서 사인했다.

나는 중환자가 아니므로 간병인이나 보호자가 꼭 있어야 할 필요가 없을 것 같았다. 보호자라고 내 곁에 있을 사람은 대학생인 딸 뿐이었다. 밤이 되면 시간 맞추어 열, 혈압, 맥박을 재고 링거 주사약을 확인하고 먹는 약까지 챙겨주려면 보호자도 잠을 잘 수가 없다. 힘들게 공부하고 온 딸이다. 그런 딸에게 보호자가 되어 밤새워 내 곁에 있어 달라고 할 수는 없었다. 병원에 있지 말고 아침저녁으로 한 번씩만 들르라 부탁하고 집으로 돌려보냈다.

  병원에 입원해 있으니 왜 그리도 전화가 많이 오는지 연락도 잘 하지 않던 친구까지 전화를 해왔다. 나를 걱정해 주는 마음은 고맙지만, 환자가 안정을 취하고 휴식하고 싶은데 전화를 받다 보니 정신적 피로가 더 많았다.

  요즈음은 핵가족 시대이고 자녀들이 많지 않아 병원에 입원해도 간호해 줄 사람이 그리 흔치 않다. 대학병원이나 큰 병원에서는 통합 관리 간병인이 있다고는 하나 아직도 병원에 입원하는 환자들은 보호자 때문에 신경을 많이 쓰고 있는 것 같다.

  지금도 몸이 아프면 혼자 병상에서 버티며 자식들에게 부담을 덜어주고 있다. 그러나 더 나이가 들어 혼자서 해결할 수 없을 때가 올 것이다. 그런 때를 대비해서라도 통합 관리 체제의 병원을 많이 세우고 훌륭한 의사를 길러내 보호자가 없이도 마음 놓고 진료받을 수 있는 날이 왔으면 좋겠다.

춤도 못 추면서

 여고 동창으로부터 요즈음 어떻게 지내느냐는 안부 전화를 받았다. 건강 상태가 좋지 않아서 집 근처에 좋은 둘레길이 있어 걷기 운동을 하며 지낸다고 했다.

 친구는 이 좋은 세상에 왜 그렇게 사느냐며 오늘 모처럼 운동을 많이 했더니 몸이 가벼워졌다며 자랑했다. 무슨 운동을 했기에 그렇게 기분이 좋으냐고 물었다. 카바레에 가서 운동했다나. "카바레는 밤에만 하는 곳이 아니냐?"라는 내 말에 친구가 웃으면서 "넌 요즈음 사람 아니니?"라고 했다.

 '참 좋은 세상이구나.'

 언젠가 내가 바보짓을 한 것이 생각났다.

"우리 저기 가서 구경 좀 하다 갈까?"

강남 신사동은 초저녁인데도 휘황찬란한 네온사인이 불야성을 이루고 있었다. 같이 있던 친구가 가리키는 곳은 내가 항상 한 번쯤 가보고 싶던 곳이었다. 그러나 난 깜짝 놀랐다.

"아니, 어떡해. 난 술도 못 마시는데."

"괜찮아 술 마시지 않고, 구경만 해도 되니까 나만 따라와 봐."

앞장선 친구를 따라가면서도 조금 두려운 마음이 들었다. 그러면서도 호기심이 생겼다. 앞서 계단을 올라가던 친구가 아주머니 두 분 앞에 무슨 함 같은 곳에 이천 원을 넣었다.

"우리, 아르바이트예요."

그게 무슨 소리인지도 모르고 이 층으로 따라 올라갔다. 카바레라고 쓴 문을 열고 들어섰다. 그러나 안에는 아무것도 보이지 않고 음악 소리만 들리고 큰 거울이 달린 칸막이가 앞을 가로막고 있었다. 같이 갔던 친구는 거울을 보고 옷매무새를 만지고 있는데 어떤 청년이 다가왔다.

"사모님 절 따라오세요."

어리둥절한 나에게 친구가 그 청년을 따라가면서 나를 돌아보면서 말을 했다.

"나, 빨리 갔다 올 게 기다려."

나는 거기에서 기다리라고 하는 줄 알고 어둡고 좁은 공간에서 한참을 서 있었다. 칸막이 거울과 문 사이는 문을 열 수 있을 정도의 공간이었기 때문에 사람이 들어올 때면 이쪽으로 피하고, 사람이 지나갈 때면 저쪽으로 피했다. 음악소리가 크게 들려서 내 귀가 먹먹해졌는데 아무리 기다려도 친구는 나오지 않았다.

친구를 데려갔던 청년이 왔다 갔다 하였다. 나는 그 청년에게 "아저씨! 조금 전 나와 같이 온 아주머니 좀 불러 주세요."라고 했다. 그 청년은 내 팔을 홱 뿌리치면서 "바빠 죽겠는데 왜 이래요." 하며 그냥 지나쳐 버렸다.

그 청년에게 친구를 찾아달라고 몇 번을 부탁했다.

"아주머니 저쪽으로 가서 기다리세요."라며 한쪽을 가리켰다.

그제야 고개를 삐죽이 내밀고 안쪽을 보았다. 영화나 텔레비전에서만 보던 그런 광경이 눈에 들어왔다. 천장에서는 조명등이 빙글빙글 돌고, 홀에서는 남녀들이 춤을 추고 있었다. 한쪽 테이블에서는 사람들이 둘러앉아 술을 마시고 있었는데 난 정말 신기하고 황홀한 것을 보며 한쪽으로 갔다. 거기에는 나처럼 구경 온 사람이 많았다. 의자에 앉아서 기다리는 사람, 서서 기다리는 사람….

의자가 죽 놓여 있는 데서 빈 의자를 찾아 앉았다. 그러고 보니 왔다 갔다 하는 청년이 한 사람인 줄 알았는데, 어두운 곳에서 일하는 종업원이 유니폼을 입고 있어서 같은 사람으로 보았던 것 같았다.

앉아서 구경하고 있는데 어떤 아저씨가 오더니 내게 다가오더니 손을 내밀었다. 깜짝 놀라서

"예?"라고 쳐다보았다.

"한번 추실까요?"

"아니에요. 난 춤 못 추어요."

그 아저씨는 아무 말 없이 그냥 지나갔다. 조금 있으니 또 다른 아저씨가 다가와 손을 내밀었다.

이상하다고 생각하며 사양을 하니 그가 화를 버럭 냈다.

"그럼 무엇 하러 왔어요. 춤도 못 추면서. 어떤 녀석하고 추기만 해봐라."라며 내 옆에서 떠나지 않았다.

무서워서 내 목이 자라같이 오그라드는 것 같았으며 등에서는 식은땀이 흘렀다. 죄지은 사람처럼 살금살금 빠져나오

는데 그 아저씨가 목덜미라도 잡을 것 같아 눈을 꼭 감았다. 식은땀을 닦고 큰 숨을 몰아쉬고는 계단을 내려오다 가만히 생각하니 같이 온 친구가 떠올랐다. 혹시 나를 찾으면 어쩌나, 내려오던 계단을 다시 올라갔다. 함 옆에 서 있는 여자를 보고 말했다.

"아주머니, 혹시 나와 같이 온 친구가 안경 쓰고 큰 가방을 멘 아주머니 보았느냐고 물으면 먼저 갔다고 전해주세요."라고 카바레를 나오려는데 누군가 "아주머니!"하고 나를 불렀다.

"아주머니, 집에 가서 애기나 보실 것이지."

뒤를 돌아보니 그 여자 둘이 나를 비웃으며 무슨 바보 쳐다보는 듯했다. 나는 아무 말도 못 하고 그곳을 나와버렸다. 여자들의 비웃는 웃음소리를 뒤로하고 거리로 나오니 휘황찬란한 네온사인이 '춤이라도 같이 추실까요?'라며 손을 내미는 것 같아 현기증이 났다.

다음날 친구가 내 사무실로 전화했는데 화를 냈다.

"너, 어떻게 그럴 수가 있니?"

"애! 너가 그렇게 숙맥인 줄 몰랐다. 네가 그런 곳이 처음이라면 누가 믿겠니? 너는 매우 춤을 잘 출 것 같았는데."

화를 내는 내게 친구는 한참을 웃어댔다. 지금도 친구들로부터 이런 류의 이야기를 가끔 듣곤 한다.

'아마도 내가 날씬하고 예뻐서 그런가. 공주병이 든 바보 호박인데.'

그 뒤로 초등학교 동창 여자 친구에게 춤을 배워 보려 했는데 나는 몸치 중에서도 상 몸치란다. 정비석의 소설 〈자유부인〉에서 남편들이 직장에서 일할 때 집에서 무료하게 지내던 부인들이 사교춤에 빠져 가정을 팽개쳤던 내용이 생각났다. 또 이런 퇴폐풍조가 사회 문제를 일으켰던 옛 영화도 있었다. 나는 그 후로 카바레를 더는 가보지 않았다. 내 성격상 맞지 않았다.

"요즈음 세상에 너 같은 바보가 또 있을까?"라던 그 친구 한 말이 생각난다.

'그러면 어때, 춤출 줄 몰라도 세상을 재미있게 살고 있는데…'

4
...
보
리
밥

보릿고개의 추억은
배고픔만 남아 있는 것은 아니다.
오월이면 세상은 온통 초록빛으로 변했다.
보리 이삭이 패서 봄바람에 일렁거리면
펼쳐 놓은 초록색 비단이 펄럭이는 것 같았다.
그럴 때면 내 마음도 덩달아 바람 따라 춤추곤 했다.
그 아름다운 모습과 설레는 마음을
지금도 잊을 수가 없다.
-본문 중에서

보리밥

친구들과 함께 점심 약속을 했다. 보리밥집이라고 했으면 가지 않았을 텐데 청국장집이라고 해서 따라 들어갔다. 유기그릇에 담은 보리밥과 청국장, 그리고 나물과 강된장이 나왔다.

함께 간 친구는 고기가 먹고 싶다며 불고기를 시켜서 쌈을 싸 먹었다. 보리밥에 불고기가 어울릴까. 마음 내키지 않은 보리밥이었지만 갖가지 나물과 강된장, 고소한 참기름을 듬뿍 넣어 비볐다. 비빈 보리밥은 미끈거리는 식감 때문에 역시 먹기 거북했다.

요즘 사람들은 보리밥을 웰빙 음식이라며 즐겨 먹는다. 그것도 추억의 보리밥이라고 치켜세우면서 말이다. 미끌미

끌한 보리쌀은 밥을 지어도 입속에서 굴러다니며 목으로 잘 넘어가지 않는다. 친구들은 보릿고개 때 물리도록 먹어서 싫다고 하면서도 추억이 그립다며 가끔 보리밥을 먹으러 가자고 한다.

보릿고개의 추억은 배고픔만 남아 있는 것은 아니다. 오월이면 세상은 온통 초록빛으로 변했다. 보리 이삭이 패서 봄바람에 일렁거리면 펼쳐 놓은 초록색 비단이 펄럭이는 것 같았다. 그럴 때면 내 마음도 덩달아 바람 따라 춤추곤 했다. 그 아름다운 모습과 설레는 마음을 지금도 잊을 수가 없다.

초등학교에 다닐 때는 보리 이삭을 뽑아 보리피리를 만들어 불었다. 그 재미로 넘기 힘든 '앳재'도 즐겁게 넘었다. 친구들과 누가 더 크고 아름다운 소리를 내는 보리피리를 만드는지 경쟁하면서 마구 뽑았다. 지금 생각해 보면 보리밭 주인은 보리가 빨리 익어 배고픔을 면할 곡식이 되기를 기다렸을 텐데 우리는 애써 키운 작물을 장난감으로 가지고 놀았으니 참으로 철없는 짓이었다.

보리밭에서는 가끔 종달새가 하늘로 날아올랐다. 궁금하여 새가 날아올랐던 보리밭으로 찾아 들어가면 동그란 둥지에 조그만 알이 대여섯 개 들어있었다. 며칠이 지나면 알에서 부화한 새끼들이 서로 자리다툼을 했다. 우리는 날마다 그 새끼를 보는 재미에 푹 빠져 학교에 다니며 자연을 친구 삼아 놀았다.

농촌에서는 가을이면 추수한 쌀을 대부분 내다 팔았다. 팔고 남은 쌀로 겨우내 먹다 보면 보리가 채 익기 전에 양식이 떨어졌다. 그때부터 춘궁기의 시작이었다.

세상에서 넘기 어려운 고개 중에 제일 높은 고개가 보릿고개라는 속담이 있다. 얼마나 힘이 들었으면 보릿고개가 그렇게도 높았을까.

"봄에는 아무것도 없었어. 김치도 없고 쌀도 없고 제비 새끼마냥 입만 벌리고 밥 달라는 새끼들만 있었지. 들에 나가 냉이든 뭐든 파란 나물을 다 캐오는 거야. 싸라기랑 섞어 죽이라도 쒀 먹으려면…."

보릿고개 시절, 어른들은 이런 말로 한탄하였다.

보리가 익을 때는 대지가 온통 뜨겁게 달아오르고 넘실대는 바람에 온 들판은 황금빛으로 물든다. 농부들의 허기진 마음에도 희망이 여물어 간다. 겨우내 고구마와 묵나물로 끼니를 연명해 오던 가난한 이웃들 얼굴에 비로소 혈색이

돈다.

 점심시간이 나는 싫었다. 도시락 뚜껑을 열면 콩과 쌀이 조금 섞인 까만 보리밥이 친구들의 하얀 쌀밥과 비교되어 부끄러웠다. 집에서는 온 식구들은 보리밥을 먹으면서도 중학생 딸을 위해 쌀이 조금 섞인 보리밥을 싸 주신 어머니, 그것마저 싫다고 도시락을 가져가지 않으려 했던 못난 딸이었다. 어머니는 철없는 딸의 투정에 얼마나 마음 아파하셨을까.

 봄날에는 친구들을 따라 앞산으로 놀러 가곤 했다. 온 산에 진달래가 만발해 있었다. 친구들은 무슨 성찬이나 되는 것처럼 환호성을 지르며 혓바닥이 잉크 빛으로 물들도록 꽃을 따 먹었다. 남자아이들은 송기라 하여 물오른 솔가지를 꺾어 겉껍질을 벗기고 속의 하얀 즙을 핥으며 보릿고개의 배고픔을 달랬다. 가난한 사람들은 그렇게 힘든 보릿고개를 연례행사처럼 넘어야 했다.

 지금은 쌀이 남아서 걱정이란다. 쌀을 소비하기 위해 술을 빚고 쌀로 여러 가지 음식을 개발한다. 어려운 시절을 살았던 나는 귀한 쌀을 이렇게 헤프게 소비해도 되는지 걱정이 앞선다. 그러나 보릿고개 시절이 엊그제 같은데 어느새 우리나라가 이렇게 부자 나라로 되었는지 자랑스럽다.

　요즘 아이들에게 보릿고개 이야기를 하면 정말로 그런 때가 있었느냐고 반문할 것이다. 행복한 시대에서 태어나 배고픔을 모르고 자라는 아이들을 볼 때면 마음은 흐뭇하지만 한편 연민의 정을 느낀다. 자연의 경이로움과 아름다움을 느끼지 못하고 공부에만 매달려 있는 도시의 아이들이 짠하다.

　세상이 바뀌어도 변하지 않는 게 더러 있다. 어려서 먹던 음식에 대한 향수도 그중 하나이다. 그래서 지금은 보리밥을 특식이라며 찾아 먹는 사람도 더러 있다. 그러나 나는 청소년 때의 아픈 기억 때문에 보기만 해도 가슴이 먹먹해 온다.

　보리밥을 좋아하지는 않지만 그래도 내게는 청보리밭이 비단처럼 물결치던 시절이 진한 그리움으로 남아 있다. 아직도 보리가 누렇게 익어가는 계절이면 어김없이 가벼운 향수병을 앓는다.

봄볕 속을 날아서

3개월에 한 번씩 만나는 초등학교 동창 모임이 있었다. 그런데 요즈음은 '코로나19' 때문에 만나지 못하니 너무 안타깝다. 어디서 왔는지도 모르는 코로나19라는 녀석이 온 나라 사람들을 불안과 공포 속으로 몰아넣더니 이제는 세계를 뒤흔들고 있다.

몇 개월째 밖에 나가지 못하고 집에만 있다 보니 우울하고 무기력해지며 신경마저 날카로워지는 것 같다. 답답한 생활에서 벗어나려고 책을 읽거나 실내에서 가볍게 운동하면서 하루하루를 보낸다. 이것도 여러 날 계속하다 보니 할 짓이 못 되는 것 같다.

지루하고 따분한 마음을 달래려고 냉장고를 정리하기로

했다. 냉장고 문을 열 때마다 가득 찬 식자재들을 보면 가슴이 답답했었다. 그래서 냉장고에 있는 식품을 다 쏟아냈더니 한 아름이나 되는데 한심할 정도로 많았다. 먹다 남은 음식이 아까워 냉동실에 넣어 두었던 것들이 이렇게 오랫동안 얼음덩어리가 되어 갇혀 있다니 입이 딱 벌어졌다. 오래된 것은 버리고 싱싱한 것만 골라 냉장고에 다시 넣는데 작년에 친구가 준 쑥떡이 있어 반가움에 얼른 손에 들었다.

'아! 쑥떡….'

그때 처음 만난 친구가 생각났다. 내가 5학년 때 다른 학교로 전학했다. 담임선생님이 인사를 시키고 내 자리를 정해주었는데 키가 작은 나를 맨 앞줄에 앉게 하셨다. 그때 짝꿍으로 만난 친구를 지금까지 60년 넘게 교류하며 지내고 있다. 동창회에 나가면 늘 옛날 추억을 끄집어내어 얘기하며 좋아하곤 했다.

학교에서 집으로 오는 길에 '앳재'라는 고개가 있다. 그 고개를 넘으면 저수지의 긴 방죽이 나오는데 그곳엔 쑥이 많았다. 아마 이맘때쯤이지 싶다. 어느 토요일에 친구와 둑에 앉아 찬바람을 맞으며 쑥을 뜯었다. 그때는 감기도 걸리지 않고 건강했다. 지금은 잠깐씩 찬 바람을 쐬어도 여지없이 감기나 독감에 걸리니 이게 다 나이를 먹었다는 의미이지 싶다.

쑥을 캐서 책보자기에 싸 머리에 이고 우리 집에 가서 점심을 먹었다. 놀다가 친구가 돌아갈 때 방죽까지 배웅을 나갔다. 혼자 앳재를 향해 오르는 모습이 슬퍼 보였다. 타박타박 걸어가는 뒷모습이 지금도 눈에 선하다. 그렇게 친구를 생각하다가 목이 메어 먹지 못하고 냉장고에 넣어두었던 것 같다. 오늘은 쑥떡으로 점심을 대신하며 친구를 기억하기로 했다.

친구는 어릴 때부터 남달리 부지런했다. 그리고 많은 친구를 포근히 감싸는 언니 같은 성격이었다. 지금도 집에서 놀면 무엇 하느냐며 옷 가게를 하는 친구가 자랑스럽다.

코로나19로 모두 어렵다기에 걱정이 되어 안부 전화를 했다. 열흘이 넘도록 손님 한 사람이 없다고 했다. 핸드폰으로 코로나바이러스가 아닌 행복 바이러스를 전해주고 싶다는 말을 듣고 위로하려고 전화한 내가 오히려 감동했다.

매사에 낙천적인 친구를 생각하면서 나도 생각을 바꾸니 그동안 쌓인 불안도 사라지고 마음도 편해졌다. 이제야 코로나19 환자들의 처지를 돌아보게 되었다. 누군들 병에 걸리고 싶어 걸렸겠나. 환자들을 괴물 보듯 하는 사회가 되어 쓸쓸한 마음이 앞선다. 그리고 고생하는 방역본부와 의료진의 수고가 고맙고 미안했다.

남들은 나를 두고 유별나게 코로나19에 집착한다고 생각할지 모른다. 의사 선생님이 나 같은 호흡기 기저 환자는 코로나19에 걸리면 죽을 수도 있으니 특히 주의하라고 했기 때문이다.

"사람 접촉을 금하고 외출을 자제하며 되도록 집에만 계세요."

나는 죽기가 싫어서라기보다 내 주위 사람들, 그리고 고생하는 의료진들에게 피해를 주지 말아야지 하는 마음에 의사의 권유를 철저히 지키고 있다. 너무 답답하고 햇볕을 쬐고 싶어 화장도 하지 않은 얼굴에 모자를 푹 눌러썼다. 마스크로 입과 코를 가린 채 밖으로 나갔다.

나를 쳐다보는 사람도 없어 마음 편하게 걷기 운동을 하고 집으로 돌아오는 길에 코로나19 사태로 어려움을 겪고 있는 꽃가게에 들렀다. 작은 화분 몇 개를 사서 베란다에 올려놓고. 물을 주었다. 베란다 문을 열 때마다 천리향, 동백, 히아신스 향기가 내 몸속으로 깊숙이 스며들어 나를 위로해

주는 것 같고 기분도 한결 나아졌다.

친구는 길가에 버려진 화초를 주워 화분에 심고 베란다에서 물을 주며 가꾸었다고 했다. 보답이라도 하듯 예쁘게 꽃을 피웠다며 카톡으로 사진을 보내왔다. 하찮은 것에도 인정을 베푸는 친구의 고운 마음씨를 읽으며 어릴 때가 생각났다.

긍정적인 친구의 고운 마음으로 코로나19를 거뜬히 이겨내리라. 우리 모두 방역본부의 대책에 협조하여 지침을 잘 지키면서 현명하게 재앙을 이겨나가자. 모든 사람이 창살 없는 감옥에서 벗어나 꽃향기가 이끄는 봄볕 속으로 훨훨 날았으면 좋겠다.

석탄 열차

언니와 고속열차를 타고 친정집에 다녀왔다. 참 좋은 세상이다. 이렇게 빠르고 편안하게 서울에서 군산까지 하루만에 다녀올 수 있다니.

옛날 생각이 났다. 중학교 때는 기차를 타고 통학했다. 새벽밥을 먹고 고등학교에 다니는 언니와 함께 오십 분 동안 걸어가야 기차역에 도착했다. 정거장까지 가는 동안에는 마을 몇 개를 지나야 하므로 같이 기차 통학하는 선배인 언니 오빠들과 이야기하면서 오갔다.

기차는 산모퉁이를 돌아 나올 때마다 통학하는 학생들에게 나 지금 여기 가고 있다며 피곤한 목소리로 '꽥'하고 신호를 했다. 그러면 우리는 그 소리에 거리를 측정하고 늦을 것 같으면 숨이 턱까지 차도록 달리곤 했다.

아침 통학 열차를 놓치면 걸어서 가든지, 기다렸다가 12시에나 오는 다음 기차를 타고 학교에 가야 했다. 그럴 때는 오전 수업이 이미 끝난 뒤였다. 그래서 늦잠이라도 자는 날이면 늦지 않으려고 죽어라 하고 정거장을 향해서 뛰었다. 어떨 때는 철길 옆에서 기차와 같이 뛰어서 그 기차를 타고 학교에 간 적도 있었다.

기관사 아저씨 옆에는 새까만 작업복을 입은 두 명의 화부가 있었다. 작업복만 새까만 게 아니라 모자, 얼굴, 손에 낀 장갑까지 모두가 까만색이었다. 그 손으로 큰 삽을 들고, 화구에 열심히 석탄을 퍼 넣다가 우리가 손을 흔들면 잠깐 허리를 펴고 하얀 이를 드러내 웃으면서 손을 흔들어주었다.

우리가 타고 통학하는 기차는 전주에서 익산을 거쳐 군산까지 다녔다. 사람이 탈 수 있는 차량은 네 칸뿐이고 화물칸이 더 많았다. 무궁화호나 새마을호처럼 큰 칸이 아니라 좌석이 몇 개 안 되는 작은 기차였다. 내가 타는 곳은 종점 직전의 간이역이기 때문에 열차에는 이미 사람들로 꽉 차 있었다.

날씨가 좋은 날은 승강구 손잡이라도 잡고 갈 수 있었지만, 비가 오거나 추운 겨울에는 승강구에 문이 없으므로 객실 안으로 들어가야 했다. 그런 날에는 뒤에서 힘이 센 삼촌이 힘껏 밀어 우리를 열차 안으로 들어가게 했다. 그럴 때는 숨을 제대로 쉴 수가 없었다.

그는 친구네 삼촌인데 우리는 모두 삼촌이라고 불렀다. 우리는 아쉬울 때만 삼촌을 고마워했다. 항상 모자를 삐딱하게 쓰고 교복 단추는 두 개쯤 풀었으며 책가방은 옆구리에 끼고 팝송을 부르는 게 눈에 거슬렀다.

삼촌이 영어를 잘해서 팝송을 부르는 게 아니고 한글로 써서 외운다는 것을 알았다. 그때부터 우리는 삼촌을 피해 다녔다. 그러나 기차에 타면 그 삼촌은 맨 마지막에 열차에 올라타고는 우리를 보호한답시고 승강구에 매달려 양팔로 버티면서 팝송을 신나게 불렀다. 기차가 속력을 내면 삼촌의 목소리도 악을 쓰는 것처럼 더욱 높아졌다.

그날은 객실이 만원이라 화물칸에 탈 수밖에 없었다. 큰 문을 닫으니 완전히 갇혀버린 것같이 캄캄했다. 화물칸에는 생선 장사 아주머니들이 많이 타서 비린내와 땀 냄새로 속이 울렁거렸다.

날씨가 좋은 날은 승강구에 서서 한 십 분쯤 타고 종점에서 내렸다. 기차에서 내리면 하얀 교복과 얼굴에 석탄 가루가 날아와 말이 아니었다. 우리는 서로 불거나 석탄 가루를 털어주기도 했다. 장난기가 발동한 친구들은 서로 얼굴에 묻어있는 석탄 가루를 털어준다며 손으로 문질러 검댕이 칠을 해놓았다. 그리고 나서는 서로 얼굴을 바라보며 깔깔거리며 웃곤 했다.

어느 날인가. 선배 언니가 승강구에 서 있다가 책가방을 놓치고 말았다. 우리는 어쩌나 하고 놀라 소리를 질렀다. 달리는 기차에서 어쩔 수가 없었다. 언니는 책가방에 수업료가 들어있다며 울상이 되어 발을 동동 굴렀다.

언니는 군산역에서 내려 가방을 찾기 위해 철길을 따라 달려갔다. 다행히도 양심 좋은 아저씨가 책가방을 주워 기다리고 있었다고 한다. 아저씨는 얼마나 놀랐느냐고 하며 책가방을 돌려주셨다는 말을 들었다. 지금 같으면 수업료가 들어있는 책가방이 임자에게 돌아왔을까. 그 아저씨의 고운 마음을 생각한다.

석탄 열차이기 때문에 화력이 약해지면 가다가 쉬고, 어디가 고장 나면 못 가고 하니 연착과 연발은 다반사였다. 석탄을 연료로 하기 때문에 날씨가 좋은 날에는 하얀 수증기가 하늘로 날아 올라갔다. 날씨가 흐린 날은 기차가 지나간 뒤에 수증기가 땅 아래로 쫙 깔려 우리는 그 위로 사뿐사뿐 걸어가며 마냥 즐거워했다.

그런데 그 석탄 열차는 내가 중학교 2학년 여름방학과 함께 사라졌다. 여름방학이 끝나고 개학을 맞아 정거장에 도착했을 때 들어오는 열차는 새까만 석탄 열차가 아니라 빨갛고 멋지게 생긴 디젤 기관차였다. 검은 얼굴에 새까만 작업복을 입은 아저씨 대신 금테 줄을 한 모자를 쓰고 멋있는 양복을 입은 아저씨가 웃으며 서 있었다.

그 후로 수십 년이 지나 교통이 발달한 지금은 석탄 열차를 볼 수가 없다. 고속열차를 타고 가면서 내 소녀 시절 추억을 생각하니 만감이 교차하며 세상이 너무나 많이 변했다는 것을 실감하게 된다. 내가 기차를 타던 정거장은 건물도 이름도 없어져 아무도 찾는 사람이 없다. 철길은 녹슬고 잡초만 무성하여 마음 한쪽이 휑하다. 학창 시절의 정겨운 석탄 열차와 사람들로 북적이던 간이역이 보고 싶어진다. 그리고 그 시절 친구들은 지금 어디서 어떻게 살아가고 있을까. 그들이 궁금하다.

선유도의 추억

 수필 교실에서 강의를 듣고 엘리베이터를 탔다. 함께 탄 선생님께서 지난주에 야외 수업을 하려고 선유도에 갔는데 새떼가 어찌나 지저귀는지 시끄러워서 수업할 수 없었다고 하셨다.
 '선유도는 내 고향 군산에 있는데 그렇게 먼 곳까지 다녀오셨나?'
 머리를 갸우뚱했다. 선유도라는 말을 들으니 옛날 학창 시절 친구들과 선유도에 갔던 추억이 떠올랐다.
 지루한 여름방학을 재미있게 보낼 생각으로 여자 친구 두 명과 나 그리고 남자 친구 셋이 부모님 모르게 선유도에서 캠핑하기로 했다. 막상 섬에 도착해보니 해수욕장이 개발되지 않아 편의 시설이라곤 아무것도 없었다.

  우리는 백사장을 지나 자갈밭에 텐트를 치고 짐을 풀었다. 식사 준비를 해야 하는데 먹을 물이 없었다. 2명씩 조를 짜서 각자 임무를 맡아 행동했다. 1조인 나는 물을 길어 와야 했다. 한여름의 뙤약볕에는 불이라도 붙을 것같이 뜨거워서 얼굴이 시뻘겋게 익어가고 온몸에서는 땀이 줄줄 흘렀다. 자갈밭을 지나 30분이나 걸어가 마을 우물을 찾았다. 양동이에 물을 담아 둘이 들고 오는데 어찌나 무겁던지, 그것마저도 돌을 잘못 밟아 몸의 균형을 잃으면서 양동이 물을 다 쏟아버리고 말았다.

  우리는 뜨거운 태양열을 온몸으로 받으며 다시 물을 길어 와야 했다. 그렇게 고생해서 길어 온 물을 가지고 우리 여섯 명은 식수로 사용하며 얼굴 씻는 것은 고양이 세수하듯 물을 아껴 써야 했다.

  먹을거리라고는 집에서 가져간 쌀 조금과 그때 처음으로 나온 라면, 단무지, 오이 몇 개, 고추장, 미군 부대에서 나온 통조림 두 개뿐이었다. 나는 그때도 밀가루 종류의 음식을 좋아하지 않았다. 친구들은 라면이 이렇게 맛있는 줄 몰랐다며 평생 라면만 먹으며 살고 싶다고 농담을 했다. 가지고 간 쌀이 부족해 하루에 한 끼니만 밥을 해서 먹으니 나는 그냥 굶는 수밖에 없었다.

2박 3일 일정으로 섬으로 들어갔는데 도저히 견딜 수가 없어서 여자 친구들에게 나가자고 했다. 그러나 친구들은 큰맘 먹고 들어왔다며 내 말엔 들은 척도 안 했다. 하는 수 없어 나는 사흘 동안 아침밥은 굶고 점심에 해놓은 밥을 저녁까지 먹었다. 라면 국물에 밥을 말아서 고추장만으로 먹으니 친구들이 통조림을 먹으라고 주었다. 그런데 통조림 냄새가 왜 그리도 역겨웠던지 도저히 먹을 수 없었다. 지금도 통조림을 잘 먹지 않는다.

밤이면 바다에서 바람이 불어와 시원했다. 낮 동안의 모래밭과 자갈밭의 살인적인 열기에 지친 우리를 달래주는 바람이었다. 우리는 트랜지스터라디오에서 나오는 노래를 흥얼거리며 밤하늘의 별을 세기도 했다. 그렇게 여름밤의 추억을 만들었다.

일정을 마치고 군산으로 돌아가야 하는데 들어오는 배가 없었다. 여객선이 일주일에 한 번만 왕래한다는 사실도 모르고 온 것이 후회되었다. 앞이 캄캄했다. 그러지 않아도 어머니께 사흘 동안을 어디서 어떻게 지냈는지 핑계를 댈까 걱정하고 있었는데 군산으로 돌아갈 수 없다니 참으로 난처했다.

사방팔방으로 배편을 알아보았다. 한 남학생이 어떻게 알았는지 군산으로 들어가는 소금 배가 있다며 우리 여학생 셋이 먼저 가라고 했다. 그래도 천만다행이라고 생각했는데 소금 배를 보는 순간 아찔했다. 조그마한 배에 소금이 잔뜩 실려 있었다. 우리 여섯 명이 다 올라타면 배가 바닷속으로 가라앉을 것만 같았다.

여자 친구들이 빨리 타자고 해서 싫다는 소리도 못 하고 소금 배에 올랐다. 남학생들을 섬에 버려두고 가자니 마음이 아팠지만 어쩔 수 없었다. 망망대해에 일엽편주 같은 통통배에서 떨어지지 않으려고 엎드려서 소금 가마니를 꼭 껴안았다. 바다 가운데쯤 왔을 때 파도 때문인지 갑자기 뱃멀미가 나기 시작했다. 나는 멀미를 참지 못하고 소금가마니 위에다 실례하고 말았다. 아저씨가 소금값을 다 물어내라며 소리를 질렀다. 옆에서 친구가 앙칼지게 대꾸했다.

"누가 토하고 싶어서 토했나요?"라며 수건으로 닦아냈다.

집에 오니 어머니가 다 큰 여자애가 이게 무슨 꼴이냐며 누구 볼까 봐 창피하다고 하셨다. 어머니는 내가 큰 사고라도 치고 들어온 줄 알고 누구에게도 아무 말씀을 안 하셔서 무사히 넘어갔다. 여름방학이 끝날 때까지 외출 금지령이 떨어져 문밖출입을 못 하고 말았다. 지루한 여름방학을 달래보려고 무작정 떠났던 캠핑, 고생만 하고 어머님께 야단맞았으니 헛웃음만 나왔다.

몇 년 뒤에 친구들이 선유도 해수욕장이 개발되었다며 여름이면 다시 가자고 했다. 그러나 나는 선유도 하면 물이 없고 뜨거웠던 돌밭이 먼저 떠올랐다. 망망대해의 소금가마니, 그리고 지독한 멀미가 생각나 다시는 가고 싶지 않았다.

아픈 기억도 지나고 보면 추억이라고 했다. 세상일이 어디 마음대로 되던가. 실패와 좌절을 겪은 뒤에 영광이 오는 것. 앞으로도 시련의 파도는 얼마든지 다시 찾아올 것이다. 여기서 멈출 수는 없다. 삶의 파도를 헤치며 더 넓은 바다로 나아가야 하지 않겠는가.

소머리국밥

　친구가 곤지암에 모 기업에서 조성한 수목원이 있다며 바람을 쐬러 함께 가자고 했다. 곤지암이라는 말에 전에 먹었던 소머리국밥이 번쩍 떠올라 쾌히 승낙했다.

　친구 둘과 함께 대중교통을 이용하여 곤지암으로 갔다. 마침, 점심시간이니 식사부터 하고 수목원으로 가자고 했다. 그곳 지리를 잘 알지 못하니 전에 동창들과 가서 먹었던 그 음식점을 찾을 수 없었다. 택시를 잡았다. 기사에게 원조 소머리국밥집을 아느냐고 물으니 기사는 맛있는 곳으로 모시겠다며 택시를 한참이나 운전해서 한 국밥집 앞에 내려주었다.

　식당으로 들어가는 순간 기사에게 속았다는 것을 알았다.

그전에 왔던 음식점이 아니었다. 걸어와도 되는 거리를 기사는 빙 돌아와서 내려준 것이다. 그때부터 기대는 사라지고 입맛이 싹 가셨다. 되돌아 나오려고 하다가 한번 들어섰으니 그냥 먹자며 자리에 앉았다. 역시 아니었다. 울며 겨자 먹는 마음으로 국밥을 먹는 둥 마는 둥 국물만 휘젓다가 나왔다. 음식이란 기분에 따라 맛도 달라지는 것인지, 그 집 음식 솜씨가 부족해서인지 별로였다. 이십 년 전 친구들과 와서 먹었던 맛깔스러움을 느낄 수 없었다.

곤지암에 소머리국밥집이 유행하던 때가 있었다. 학창 시절 옥순이와 먹었던 시장 골목의 그 소머리국밥 맛을 잊지 못해 여고 동창들과 승용차를 타고 일부러 맛있기로 소문난 원조 소머리국밥집으로 갔다. 소문처럼 가게 앞에는 대기하는 사람들이 장사진을 이루고 있었다. 대기표라며 주는데 번호를 새긴 앙증맞은 주걱을 주는 게 참 인상적이었다. 기다린 보람이 있었다. 국물 맛이 혀에 쩍쩍 붙었다. 고기를 씹는 식감이 쫄깃쫄깃하고 고소한 감칠맛이 환상적이었다. 여고 일 학년 때 옥순이와 시장에서 먹었던 그 소머리국밥과 맛이 비슷했다.

여고 일 학년 추운 겨울 방학 때였다. 옥순이와 영화를 보고 나오니 어스름 저녁때가 되었다. 저녁 먹고 집에 가자며 옥순이가 내 팔을 끌었다. 날씨도 춥고 배도 출출하던 참이라 옥순이 뒤를 따랐다.

"너, 소머리국밥이라는 걸 먹어봤니?"

끝내주는 집이 있다며 시장 안으로 들어섰다. 나는 몇 년째 시내에 있는 학교에 다녔어도 그 시장 안은 처음이었다.

시장에는 점포가 다닥다닥 붙어 있었으며 점포 앞 좌판에는 가지각색 물건들이 즐비하게 진열되어 있었다. 골목은 양철지붕으로 하늘을 가렸고 장사꾼들이 어서 오라며 지나가는 사람들을 붙잡느라 시끌시끌했다. 처음 보는 모든 광경이 신기해서 두리번거리며 따라갔다.

국밥집은 다른 가게와 달랐다. 밖에 걸어놓은 큰 가마솥에서는 김이 모락모락 피어오르고 있었다. 가마솥 옆에 그날 하루 땔 장작단을 가지런히 묶어 쌓아놓고 있었다. 가게 안으로 들어서니 아주머니가 웃는 얼굴로 반갑게 맞아 주었다. 여학생들은 방으로 들어가라고 하셨다. 그러지 않아도 추운 날씨여서 사양하지 않고 방으로 들어갔다. 아랫목에는 작은 이불을 펴 두고 있었다. 우리는 이불속에 시린 손과 발을 넣고 녹였다.

잠시 뒤에 아주머니가 소머리국밥 두 그릇과 밥 두 공기, 반찬이라곤 깍두기 한 접시가 놓인 양은 상을 들고 들어왔다.

"학생들 배고프지? 많이 먹어. 밥이 적으면 이 밥통에서 덜어 먹어."

빨간 장미가 그려진 노란 양은 밥통을 이불속에 넣으며 문을 닫고 나가셨다. 뜨거운 국물에 밥을 말아 몇 숟갈 먹으니 추위가 확 가시고 고깃국이라 식욕을 돋우었다. 소머리 고기도 오돌오돌 씹히며 국물 맛이 그렇게 좋을 수가 없었다. 냄새도 안 나고 맛이 어찌나 고소하던지 '세상에 이렇게 맛있는 음식도 있구나.'라며 감탄하였다.

국물이 남아서 이불속 밥통에서 밥을 듬뿍 퍼 말아먹었다. 그렇게 많이 먹고 일어서려는데 배가 불러 몸을 제대로 움직일 수 없었다. 아주머니가 저녁 장사하려고 해놓은 밥을 둘이 반이나 먹어버리고 말았다. 우리는 순간 겁이 나서 빨리 나가자며 소머리국밥 두 그릇값만 내고 뒤도 돌아보지 않고 도망치듯 빠져나왔다.

아주머니가 방에 들어와서 밥통을 열어보면 얼마나 허망할까? 우리가 밥을 너무 많이 먹어서 저녁 장사를 못 하게 되면 어쩌나 하는 걱정이 앞섰다. 미안한 마음이 집에 올 때까지 머리에서 떠나지 않아 발걸음이 무거웠다.

겨울 방학이 끝나고 개학을 한 뒤에 너무 많이 먹은 밥값을 가지고 국밥집을 찾아갔다. 그러나 길치인 나는 그 골목이 그 골목 같아서 그 가게를 찾지 못하고 그냥 돌아왔다.

옥순이와 시장에서 먹은 소머리국밥은 왜 그리 맛이 있었던 걸까? 끓이는 방법이 달라서일까. 지금처럼 가스 불에 끓이지 않고 옛날에는 무쇠 가마솥에 장작불을 조절해 가며 뭉근하게 끓여낸 국물이라서 그렇게 맛이 있었을 것으로 생각한다. 하기야 소녀 때는 무엇을 먹어도 다 맛이 있었겠지만.

지금이라도 옥순이를 만나면 먼저 그 시장 소머리국밥집을 찾아가리라. 인심 좋던 그 아주머니가 말아주는 따끈하고 고소한 국밥 한 그릇을 먹고 싶다.

그 아주머니는 아니라도 아직도 소머리국밥집이 그 자리에 있으려나.

추억의 앳재

아들을 데리고 친정엘 갔다. 가까운 길을 두고 아들에게 앳재 길로 가자고 했다. 초등학교 때 추억을 느껴 보고 싶어서였다.

우리 집은 마을에서도 지대가 높은 곳에 있었다. 그래서 어린 나는 마루에 서서 멀리 우뚝 솟은 앳재를 보면서 저 높은 고개를 한 번 넘어봤으면 하는 생각을 하곤 했다.

우리가 살던 집은 이웃 면과 경계에 있었다. 내가 다니던 초등학교는 우리 집에서 가깝지만 다른 면에 있는 학교였다. 길도 넓고 평탄한 길이어서 학교 다니기에 편했다. 그래서 우리 형제들은 모두 다른 면에 속해 있는 초등학교에 다녔다.

앳재는 우리 면에 속해 있는 산으로 나는 초등학교 4학년 때까지는 한 번도 가본 적이 없었다. 봄이 오면 새싹이 돋아나 온통 산은 연둣빛으로 물들었다. 신록으로 우거진 여름 산에 비가 그치면 물안개가 산허리를 휘감았다. 물안개를 보며 나도 그 안개 속으로 두둥실 날아가고 싶었다. 가을이 되면 불이라도 붙은 양 온 산이 붉게 물들었다. 따로 단풍 구경을 가지 않아도 될 정도로 아름다웠다. 단풍이 절정이다 싶으면 어느새 낙엽이 지고 앙상한 나무들만 남았다. 온 산이 회색으로 변하면 쓸쓸한 겨울이 성큼 다가왔다. 눈이 많이 내린 날이면 앳재는 더 크고 높게 보였다.

5학년으로 올라갈 때 학군에 따라 우리 면에 있는 학교로 전학을 가야 했다. 어쩔 수 없이 우리 형제들은 가까운 학교를 두고 더 먼 곳에 있는 학교로 전학하게 되었다.

'이제 저 앳재를 넘을 수 있겠구나.'

나는 전학한다는 말에 마음속으로 쾌재를 불렀고 오히려 설렜다. 그런데 설렘은 그리 오래 가지 않았다. 막상 앳재를 넘어 학교에 다니려니 너무 높아서 힘들었다.

어느 날 할머니께 여쭈어보았다.

"할머니! 저 고개를 왜 앳재라고 했어요? 높은 고개를 넘어 학교에 다니기가 무척 힘들어요."

"으응, 옛날 소금 장수가 무거운 짐을 지고 저 고개를 넘는데 너무나 힘들어 넘지 못하고 애가 타서 죽었단다. 그래서 사람들은 저 고개를 앳재라 불렀단다."

앳재에 그런 슬픈 사연이 있다는 걸 알고 소금 장수가 불쌍하다는 마음이 들었다. 우리는 작은 책가방 하나를 들고 그 고개를 넘으려고 해도 힘이 드는데 무거운 소금을 짊어지고 가려니 얼마나 힘이 들었기에 죽기까지 했을까.

그래도 5학년 때는 학교가 일찍 끝나니 재미있게 다녔다. 산등성이에 철 따라 피는 진달래꽃, 개망초, 노란 산국을 꺾으며 놀았다. 계곡 물속에 들어가서 조금 큰 돌을 살짝 들추면 가재가 엉금엉금 기어 나왔다. 친구들과 가재 잡는 재미에 늦게 집에 들어가 어머니한테 꾸중을 듣기도 했다. 그전 학교에 다닐 때는 못 해 본 것을 해 보니 시간 가는 줄 모르고 노는 재미에 푹 빠지곤 했다.

그러나 6학년이 되면서 앳재를 넘는 게 소금 장수처럼 힘이 들었다. 전깃불도 들어오지 않는 학교에서 촛불을 켜놓고 중학교 입학시험에 대비하여 늦게까지 공부했다. 수업을 마치면 날이 어두웠다. 캄캄한 밤길이 무서워 수정이와 나는 남학생들 뒤를 졸졸 따라다녔다.

어느 날은 남학생들이 장난기가 발동하여 '뛰어' 하면서 저희끼리 달렸다. 나는 원래 달리기도 못 하여 남학생들을 따라갈 수가 없었다. 뒤에서 울면서 같이 가자고 소리를 질렀지만, 그들은 그런 내가 재미있었던지 깔깔 웃으면서 뛰었다. 울면서 악착같이 뒤따라가면 산꼭대기에서 쉬고 기다리고 있었다. 그들은 아무 일도 없었다는 듯이 앞장서서 고개를 내려갔다. 그런 날이면 집에 와 혼자 울었다.

어느 날 아버지께서 나와 함께 다니는 남학생들을 불러서 가게로 데리고 가 과자랑 사탕을 사주면서 부탁하셨다.

"우리 낙진이는 너희들보다 나이도 어리고 몸도 약하니 동생처럼 잘 데리고 다녀라."

신신당부하셨다. 그러나 남학생들은 며칠 못 가서 또 장난을 치곤 했다. 그럴 때면 앳재가 정말 싫었다.

언제인가 남학생 뒤를 따라가는데 고갯마루에서 새파란 불이 이리저리 왔다 갔다 하다가 없어지기도 했다. 우리는 틀림없이 도깨비불이라 생각했다. 나뿐만 아니라 남학생들도 겁에 질려 있었다. 난 무서움에 질려서 한 남학생을 꽉 붙잡았다. 도망치지 못하게 붙잡은 것이다. 그 남학생도 무서움에 떨면서 태연한 척했다. 모두 어떻게 해야 하나 망설였지만 그냥 고개를 넘기로 했다. 그런데 우리가 고개에 올라서니 그 도깨비불은 아래로 점점 내려갔다. 우리도 숨을 죽이면서 내려갔는데 산속에서 웃음소리가 났다. 모두 놀라서 그냥 멈추어 섰는데 동네 선배들이 우리를 놀려 주려고 장난쳤던 거였다.

그 시절에는 볏짚에 기왓장 가루를 묻혀서 유기그릇을 닦으면 윤이 났다. 닦고 남은 볏짚에 불을 붙이면 새파란 불꽃이 서서히 피어올랐다. 그것을 들고 우리를 놀린 것이었다.

눈이 푸짐하게 내리면 산 비탈길은 눈썰매장으로 변했다. 고개를 오를 적에는 기어서 올라가고, 내려갈 때는 책가방을 머리에 이고 쪼그리고 앉아 신나게 미끄럼을 타며 내려왔다.

앳재는 어린 시절엔 한 번만이라도 넘어보고 싶었던 동경의 대상이었다. 그러나 6학년 때는 지긋지긋할 정도로 넘기 힘들고 무서운 고개가 되어 버렸다. 이제 그 시절이 새록새록 그리운 것을 보면 철없던 시절이 좋았던가 보다.

지금은 산을 깎아 길을 넓히고 포장까지 해서 시내버스도 다닌다. 꿈 많던 어린 시절의 추억이 고스란히 담긴 앳재를 승용차를 타고 넘으며 친정집으로 달린다.

　짓궂게 굴던 남학생들이 보리피리를 불며 숲속에서 불쑥 나타나 반겨줄 것만 같다.

작은 부엌

고향 집에는 부엌이 두 개가 있었다. 큰 부엌은 주방으로 썼는데 부뚜막에 큰 무쇠 가마솥과 작은 솥 두 개가 걸려 있었다. 어머니의 생활 무대는 큰 부엌이었지만 우리 형제들도 시도 때도 없이 들락거렸다. 큰 부엌에서는 하루도 거르는 날이 없이 구수한 밥 냄새와 고소한 입맛을 돋우는 음식 냄새가 가득했다.

부엌이 하나 더 있었는데 작은 방에 군불을 때기 위한 곳이었다. 작은 부엌에도 넓은 부뚜막에 커다란 무쇠 가마솥이 걸려 있었다. 언제나 맹물을 가득 붓고 군불을 땠다. 여름에는 사용하지 않아 먼지만 수북이 뒤집어쓴 체 덩그러니 놓여 있었다. 이따금 감자와 옥수수를 삶아 먹을 때 사용하기도 했다.

겨울철 고구마를 삶을 때는 작은 부엌의 가마솥을 이용했다. 푹 삶은 고구마를 소쿠리에 담아 시원한 곳에 두었다. 저녁에 배가 출출할 때 온 가족이 방 가운데 소쿠리를 놓고 빙 둘러앉아 시원한 동치미를 곁들여 먹었다. 그 달콤한 맛은 한겨울 추위도 잊게 해주었다. 어머니가 동치미 그릇을 들고 함박웃음을 지으며 몇 번이나 부엌문을 들락거리셨다. 그 시원하다 못해 사이다처럼 짜릿한 맛이라니. 새큼했던 그 동치미 맛을 지금도 못 잊고 있다.

소주를 내릴 때도 작은 부엌은 분주했다. 가마솥에 막걸리 같은 술을 붓고 그 위에 양푼을 올려놓은 후 솥뚜껑을 뒤집어 닫고 불을 땠다. 종일 작은 부엌 아궁이 앞에 앉아서 불을 때며 가마솥을 지켜보는 엄마의 얼굴은 벌겋게 달아오르고 흐뭇함이 철철 넘쳤다. 술을 좋아하시는 아버지를 생각하며 정성을 쏟았을 것이다.

참기름, 들기름을 짜는 날에도 어김없이 작은 부엌은 종일 분주하게 돌아갔으며 고소한 냄새가 진동했다. 냄새에 이끌려 온 동네 아주머니들의 수다로 집안이 더욱 소란해졌다. 어머니는 깨 볶던 솥에 콩을 볶아 내놓으셨다.

메주를 쑤는 날에는 큰 가마솥에 불린 콩을 몇 번씩 삶아

내어 일하는 아저씨들이 종일 절구질을 하였다. 옆에서는 어머니와 아주머니들이, 퇴침만 하게 메주를 빚어 작은방에 짚을 깔고 말렸다. 보름쯤 있다가 메주를 지푸라기로 묶어 대청 천장에 매달았다. 대청에 들어가면 메주 발효되는 냄새가 고약해 나는 그쪽으로는 얼씬도 안 했다.

지금 생각하면 참 부끄러운 일이다. 맛있는 간장이나 된장을 만들려고 숙성되는 냄새인데 그렇게 싫어했으니 말이다. 간장과 된장이 없었다면 우리 음식의 감칠맛을 낼 수 있었을까. 맛의 비밀이 담긴 식품이라 믿는데 그 비밀이 무엇인지 지금도 궁금하다.

고추장을 담는 메주는 간장 메주와 달랐다. 콩을 삶을 때 콩 위에다 쌀가루를 함께 넣어서 삶아 절구에다 찧어 작고 동그랗게 만든 후 가운데 구멍을 뚫었다. 메주처럼 짚을 깔고 어느 정도 발효시킨 후 구멍에 가는 새끼줄을 꿰어 대청 천장에 매달아 말렸다.

설날이 가까워지면 작은 부엌은 또 분주해졌다. 조청을 만들 때면 쌀로 식혜를 만들어 자루에 붓고 짜낸 물을 가마솥에 넣고 계속 불을 때며 주걱으로 저어준다. 그렇게 오랫동안 하다 보면 단물이 끈적끈적해진다. 이때 솥에서 퍼내어 식히면 달콤한 조청이 된다.

지금은 인스턴트 식품으로 감자칩이 나오지만 내 어릴 적에는 어머니가 손수 만들어 주셨다. 오랜 시간과 정성이 듬뿍 들어간 감자튀김이었다. 바싹 말린 내 엄지손톱만 한 감자 조각을 펄펄 끓는 기름에 넣으면 금세 종지만 하게 부풀어 오르는 것이 너무 신기했다. 부뚜막에 앉아서 어머니의 일하는 모습을 보고 있었다. 어머니가 다 익은 감자튀김을 꺼내 입으로 호호 불어 주시면 나는 손바닥으로 덥석 받아들고 뜨거워서 양손으로 옮겨가며 먹었다. 입에 넣고 한입 깨물 때 아삭하는 소리와 고소한 그 맛을 어찌 잊을까.

작은 부엌의 임무는 음력 이월 초하룻날 콩을 볶고 나서 끝나는 것 같았다. 그날은 콩을 볶아 먹으면 노래기가 나오지 않는다며 '노내각시 바늘 주자'라고 외치며 지붕 위로 던지는 풍습이 있었다. 그 풍습 때문에 볶은 콩을 주머니에 담고 다니며 친구들과 나눠 먹었던 추억이 엊그제 같은데 벌써 반세기가 훌쩍 넘었다.

나는 작은 부엌 굴뚝에서 연기가 나오면 밖에서 놀다가도 궁금해 집으로 달려오곤 했다. 우리 형제들은 신이 났다. 역시 맛있는 음식이 솥에서 김을 내며 익어가고 있었고 구수한 냄새가 났다. 맛있는 별식은 다 작은 부엌에서 만들어지니 큰 부엌보다 더 오래 내 기억에 남아 있다.

우리 집 경사나 큰일이 있을 때마다 가쁘게 김을 뿜어내던 검정 가마솥. 어머니의 땀이 배어있는 작은 부엌을 생각하면 어머니의 고단한 삶이 생각나기도 해서 내 눈에도 아련한 슬픔이 어린다.

수학여행과 흑돼지

"택배 왔습니다."

오랜만에 택배원으로부터 직접 물품을 받았다. 그동안 늘 집을 비우고 다녀서 무인 택배함에 넣어달라고 했었다.

"아주 귀한 특산물들이네요."

배달원이 인사를 잊지 않았다. 그리고 보니 모두가 제주도 특산물이었다. 갈치, 옥돔, 한라봉. 언제부터인지는 몰라도 내가 제주도 특산물을 참 좋아하는 것 같다. 옛날 여고 때 수학여행 갔을 때가 생각났다.

우리 여고 이 학년생들은 여름방학의 시작과 함께 바로 제주도로 수학여행을 떠났다. 나는 설레는 가슴을 안고 여행 준비를 했다. 양장점에서 옷도 맞추고 수영복과 선글라

스도 사며 이것저것 준비를 했다. 뜻밖에도 언니가 그렇게 애지중지하던 옷을 나에게 두 벌이나 빌려주어 너무나 고마웠다. 나는 여행 준비를 마치고 하루 전에 친구 집으로 갔다.

우리 집은 두메산골은 아니었지만, 시내버스 종점에서 30분을 더 걸어야 했다. 차 시간을 맞추기 위해서 친구 집에서 자고 새벽에 기차역으로 가기로 했다.

기차역에 도착했을 때는 벌써 많은 친구가 모여 있었다. 벅찬 가슴으로 기차에 몸을 실었다. 모두 아직 잠에서 덜 깨었는지 처음에는 얌전한 것 같았다. 점점 시간이 지나면서 장난 수위가 높아지기 시작했다.

나는 깜짝 놀랐다. 수학여행 때 담임선생님에게 보자기를 씌워놓고 가볍게 두드리는 놀이가 선배로부터 내려오는 전통이라고 했다.

우리는 목포에서 간단한 점심을 먹고 제주도까지 운항하는 여객선 '가야호'를 탄다고 했다. 처음으로 큰 배를 보는 순간 가슴이 뛰었다. 우리가 저 배를 타고 넓은 바다를 건너 제주도에 간다는 게 꿈만 같았다.

서로 이야기도 하고 사진도 찍으며 한 시간가량 배를 탔던 것 같다. 그때부터 뱃멀미가 심해서 정말 죽을 것 같았다. 한껏 멋을 낸 내 스타일도 구겨지고 끝내 그 자리에서 쓰러지고 말았다. 누워있어도 배가 흔들리니 멀미가 더 심한 것 같았다. 바닥에 뒹굴다 보니 언니가 빌려준 옷도 엉망이 되고 말았다.

우리 학교 친구들이 있는 곳으로 갔다. 그곳은 배의 맨 아래층이었기 때문에 시원한 공기가 들어오지 않아 멀미가 더한 것 같았다. 우리가 누워있는 선실은 일본식 다다미방이었다. 내가 토하고 자리를 피하면 토사물이 다다미 사이로 흘러들었다. 그러면 다른 친구가 그 자리에 머리를 돌리고, 나는 친구가 더럽힌 자리에 머리를 향했다. 계속 그렇게 하다 보니 공기가 탁하고 냄새는 너무 역겨웠다. 위 속에 있는 모든 물질이 넘어오고, 끝에는 노란 위액까지 넘어오는데 키니네를 먹을 때보다 더 쓴 것 같았다.

풍랑을 만나지 않으면 목포항에서 제주까지 일곱 시간이면 도착한다는데 우리가 탄 배는 아홉 시간이나 걸렸다. 지옥도 그런 지옥이 없었다. 얼마나 멀미가 심했던지 여관방에 누워있는데도 계속해서 배를 탄 것처럼 흔들리는 것 같았다. 매우 어지러웠다.

다음 날부터 버스를 타고 관광을 했다. 제주도는 돌이 많은 비포장도로인지라 버스는 성난 망아지처럼 마구 날뛰었다. 차체 앞부분이 위로 올라가면 뒷부분은 땅에 닿고 뒷부분이 허공에 뜬듯하면 앞부분이 땅에 닿았다. 그러면서 달리는데 앞에 가는 버스가 흙먼지를 일으켜 시야를 가릴 정도였다.

더운 여름 날씨여서 버스 창문을 열고 달리니 흙먼지가 입으로 들어왔다. 그때마다 우리는 캑캑거리면서도 마냥 즐거워했다.

지금은 미세먼지 때문에 많은 사람이 마스크를 하고 다닌다. 당시의 우리는 입안에 모래가 버석거릴 정도의 흙먼지 속을 종일 차 속에서 지냈다. 그래도 재미있었다. 요즈음 학부모 같으면 부당 행위라고 교육 당국에 신고하고 병원에 가서 건강 검진을 받는다며 야단법석을 떨지도 모를 일이다. 그러나 그때는 모든 것이 무공해였고 흙먼지쯤은 아무렇지도 않게 생각했다.

시간이 지나니 생리적인 현상이 일어났다. 민속촌 같은 제주도 토속적인 집이었다. 약간 비탈진 동산에 지붕도 없고 울타리도 허술하게 생긴 화장실 문이 있어 열고 들어갔다. 매우 큰 구덩이에 두 개의 기다란 널빤지를 걸쳐놓았다. 나는 그 널빤지를 밟고 앉아서 볼일을 보려는 순간 느닷없이 새까만 돼지가 '꿀꿀' 하면서 기어 나왔다. 깜짝 놀랐다. 잘못했으면 돼지우리에 빠질 뻔했다.

옷도 못 올리고 '다리야. 날 살려라' 뛰쳐나왔다. 얼마나 놀랐는지 그냥 뛰어나오느라 실례를 하고 말았다. 넋 나간 사람처럼 마구 울었다. 친구들도 놀랐는지 나를 다독여 주었다. 주인집 아주머니께 물 좀 달라고 하니 제주도는 물도 귀했는지 바가지에 조금 주셨다. 친구들이 손수건에 물을 적셔서 내 다리를 닦아주었다.

버스를 타고 출발했으나 젖은 속옷 때문에 앉지 못하고 서 있었다.

"낙진이는 왜 서 있니. 앉아!"라는 선생님 말씀에 "낙진이 엉덩이에 뿔났대요."라면서 모두 한바탕 웃었다.

그 시절에는 바지를 입지 않고 치마를 입었던 때라 그래도 다행이었다. 수학여행 온 친구 중에서도 한껏 멋을 낸 나는 완전히 스타일 망가지는 날이 되고 말았다.

60년대는 수학여행을 다녀왔고, 90년대에는 일 관계로 비행기를 타고 제주도를 다녀왔다. 그새 도로는 가는 곳마다 포장이 잘 되어 있었다. 수학여행 이후 반백 년이 지나 다시 교회 여전도회의 일원으로 제주도를 여행하게 되었다. 여행은 나이와 상관없이 설레는가 보다.

열한 명이 제주도에 도착해서 렌터카 두 대로 이동하였다. 여고 시절 수학여행 때 갔던 협재 해수욕장은 어떻게 변했을까. 그때는 도로포장도 안 되었고 상가도 없었다. 주택들도 제주식 전통 한옥이었다. 지금은 잘 포장된 도로며 상가 건물들, 성산 일출봉으로 가는 둘레길이며 용두암은 많은 사람이 찾는 관광명소였다. 사람도 많이 변했고 산천도 전과 같지 않았다.

여행에서 돌아와 생각하니 격세지감마저 들었다. 지금은 제주도가 관광지일 뿐 아니라 생활 수준도 상당히 높아졌다. 육지에서는 귀한 특산물인 은갈치, 옥돔, 한라봉 등 싱싱한 것들을 먹기 위해서는 제주에서 공수해 와야 한다.

돌이킬 수 없는 소녀 시절의 추억은 감귤 맛처럼 싱그럽다. 보고 싶은 선생님, 다정한 친구들, 그토록 풋풋한 계절을 어찌 잊을 수 있을까. 제주도 수학여행, 자다가도 벌떡 일어날 만큼 충격이 컸던 제주도 흑돼지 사건을 포함해서.

진흙팩

 몇 년을 이곳에 살았어도 동네의 전통 시장을 찾은 적이 없었다. 그동안 아침 일찍 출근하고 저녁 늦게 퇴근하는 생활을 반복하는 나에게 시장 보는 일이 멀어질 수밖에 없었다.

 모처럼 쉬는 날, 마음먹고 전통 시장으로 찾았다. 무엇인가 사야 할 것 같은데 생각이 나지 않았다. 그렇다고 꼭 사야 할 것도 없어서 이것저것 구경하다가 견과류 가게 앞에 섰다. 그중에서 호두가 눈에 들어왔다.

 어렸을 적에는 모든 것이 풍성하지 않았지만, 특히 호두는 더 귀했다. 우리 집은 다른 과일나무는 그래도 몇 그루 있었지만, 호두나무는 없었다. 동네에 큰 호두나무 한 그루가 있었다. 추석이 지나고 가을이 깊어지면 호두나무집 주인은 수확한 호두를 한 바가지 가지고 왔다. 그러면 할머니는 우리에게 몇 알씩 주시고 두 알을 손에 쥐고 굴리셨다. 지금 생각하면 그 손놀림이 치매 예방에 도움이 되지 않았을까 싶다.

여름방학이 끝날 무렵 친구들이 어딘가를 가자고 했다. 그날 밤 친구가 바가지를 가지고 와서 손짓했는데, 무엇에 쓰려는지 의심스러웠지만 아무 말 없이 따라갔다. 우리가 간 곳은 동네에서 제일 큰 호두나무가 있는 곳이었다. 덜컥 겁이 났다. 그러나 친구는 겁도 없이 가지고 온 바가지를 머리에 쓰고 다람쥐처럼 나무 위로 올라갔다. 그 모습이 우스워서 우리는 킬킬대며 웃었다.

조금 있자 바가지에 호두 부딪히는 소리가 탁탁탁 들렸다. 그때야 친구가 바가지를 가져온 이유를 알았다. 밝은 달밤이지만 넓적한 잎 때문에 호두가 보이지 않으니 바가지를 쓰고 올라간 것이다.

친구는 머리를 흔들어서 호두가 바가지에 부딪히는 소리를 듣고 호두 있는 곳을 알아서 따서 던져주었다. 나는 친구가 던져준 호두를 줍는 게 임무였다.

툭 떨어지는 소리에 달려가면 벌써 호두는 데구루루 풀숲으로 들어가 버리곤 했다. 밤눈이 어두운 나는 호두를 찾지 못했지만 다른 친구는 잘 찾았다.

우리는 냇가에 가서 아직은 덜 익은 생 호두를 돌멩이로 두드려 까기 시작했다. 생 호두라서 물이 많이 튀었다. 그런데 속이 꽉 찬 호두 살은 보기만 해도 먹음직스러웠다. 깐 호두 반쪽을 입에 넣었다. 잘 익어서 딱딱한 호두보다 부드럽고 고소한 풋 호두 맛은 무엇과도 비교할 수 없이 좋았다. 호두알 몇 개를 가져와 책상 서랍에 몰래 감추어 두었다. 반질반질 윤이 나게 문질러서 학교 친구들에게 자랑하고 싶었다.

다음 날 아침 손을 보고 깜짝 놀랐다. 어젯밤엔 어두워서 몰랐는데 손이 까맣게 물들어 있어 누가 보기 전에 빨리 씻으려고 비누칠해서 문질렀다. 돌멩이로 손가락과 손등을 박박 문질러 보았지만 아프기만 하고 허사였다.

그날 밤 몸이 가려워서 뜬눈으로 밤을 지새웠다. 언니와 함께 병원에 갔다. 의사 선생님이 왜 그리되었느냐고 물으시는데 아무 말도 못 하고 고개만 숙이고 있었다. 무엇 때문에 피부병이 생겼는지 이상하다는 듯이 고개를 갸우뚱하며,

혹시 생 견과류를 까서 피부병이 생긴 것 아니냐고 말씀하면서 약을 처방해 주셨다.

언니와 함께 약을 받아서 나오면서 할머니께 이르지 말라고 애원했다. 매일 병원에 다녀도 피부병은 낫지 않았다. 얼굴이며 온몸이 짓물러 할머니도 놀라셨는지 병원에 같이 다녔다.

그날도 할머니와 같이 병원에 가는데 지나가는 아저씨가 나를 보더니 깜짝 놀라며 "너 똥 올랐구나."라고 했다.

나는 흉하게 생긴 내 몰골을 남에게 보여주기 싫어서 뒤로 돌아 할머니 옆으로 갔다. 뒤따라오던 할머니는 그 아저씨를 향해 걱정을 늘어놓으셨다.

"아저씨, 우리 강아지 빨리 낫는 약 좀 가르쳐 주세요. 큰일 났어요."

그 아저씨는 좋은 처방이 있다면서 방법을 하나 알려주셨는데, 미나리꽝의 진흙을 발라주면 낫는다는 것이었다. 깜짝 놀랐다. 미나리꽝의 진흙은 더럽기 이를 데 없다. 왜냐하면, 동네에서 나오는 온갖 구정물이 모인 곳이 미나리꽝이기 때문이다. 실지렁이와 거머리가 스멀스멀 기어 다니는 그 더러운 진흙을 내 몸에 발라야 한다니.

할머니는 병원에 가지 않고 다시 집으로 가자고 하셨다. 온몸이 가렵고 화끈거리며 괴로워서 더러운 진흙을 발라야 한다는 것에도 개의치 않고 집으로 왔다.

할머니는 사람을 시켜 미나리꽝 진흙을 함지박에 가득 담아 오라고 하셨다. 마치 미장이가 벽에 흙을 발라주듯이 얼굴과 온몸에 발라 주셨는데, 그렇게 시원할 수가 없었다. 몸에 바른 것이 더러운 진흙이란 것을 상상할 수 없을 정도로 상쾌했다. 며칠 동안 화끈거리고 가려워서 잠을 못 잤던 내가 어느덧 스르르 잠이 들었다.

한 삼십 분쯤 지나 진흙이 마르고 먼 산에서 아지랑이처럼 김이 올라와 떼어 보니 뜨거운 열기로 지렁이며 거머리가 죽어 있었다. 그렇게 바르기를 세 번쯤 하고 나니 거짓말처럼 화끈거리고 가렵던 것이 사라지고 진물이 흐르던 피부가 많이 좋아졌다. 아무리 병원에 다녀도 낫지 않던 피부병이 그 더럽고 보잘것없는 미나리꽝의 진흙으로 낫게 될 줄이야.

그 시절에는 민간요법으로 가정에서 위생 관념에는 상관없이 단방약을 많이 사용했다. 미나리꽝의 진흙에는 아마도 여러 성분이 많아서 알레르기성 피부병을 낫게 한 것 같았다.

호두 수확철이 되니 그때 할머니께서 해주신 진흙 팩이 생각난다. 요즈음 미용 팩이 한참 유행이다. 진주 팩, 황금 팩, 그리고 보령의 진흙팩은 많은 관광객이 놀이로 즐기면서 하는 진흙팩이 되었다. 열네 살이란 어린 나이에 진흙팩을 한 나는 우리나라 여자 중에서 진흙팩을 가장 먼저 한 선구자가 아닐까.

아, 백두산

"그 어려운 곳을 다녀올 수 있겠어요?"

백두산을 가려고 여행사에 예약했다고 말에 아들이 깜짝 놀란 듯 말했다. 그래도 나는 그곳에 꼭 가고 싶었다. 허리가 아프지만, 그때부터 운동하면서 준비를 했다.

드디어 기다리던 여행을 떠나는 날이 되었다. 일행을 인천국제공항 제2터미널에서 만났다. 여행사에서 나눠주는 '백두산 북파/남파 & 고구려 역사탐방'이라는 안내서를 받았다. 일기 관계로 30분 늦게 이륙했다.

한 시간 반쯤 후에 대련공항에 도착했다. 호텔로 이동하기 전 저녁 식사를 하고 버스로 6시간을 더 달렸다. 중국이라 땅이 넓어 그런지 새벽 한 시에야 숙소에 도착했다. 우리는 너무나 피곤해서 샤워도 하지 못한 채 세수만 하고 잠이 들었다.

다음 날은 북파 쪽으로 가는 일정이 기다리고 있었다. 가이드는 중국에 많은 것 세 가지에 관해 이야기했는데 인구와 옥수수, 그리고 가품(假品)이라고 했다. 중국의 인구가 많다는 것은 알고 있었지만, 옥수수밭이 그렇게 많고 넓은 줄은 미처 몰랐다. 옥수수를 사람도 먹고 가축 사료로 쓴다고도 했다.

이도백하에서 백두산까지 차를 네 번이나 바꾸어 탔다. 사람이 많다는 것을 여기서도 실감했다. 몇 년 전에 어느 텔레비전 예능 프로그램에서 연예인들이 백두산을 오르는 모습을 본 적이 있었다. 그때는 계단으로 힘들게 올라갔는데 지금은 길을 잘 닦아 놓아서 고생은 하지 않았다.

구불구불 달리는 차에서 창밖으로 내려다보니 손자들이 갖고 노는 것 같은 작은 장난감 같은 차들이 줄지어 달리고 있었다. 고산지대에서 잘 자란다는 사스래나무가 해발 2,000미터쯤에 1~2미터 정도에 지나지 않았다. 사스래나무 숲을 지나고 나니 초원지대가 펼쳐졌는데 산상 초원에는 천상의 꽃밭이 끝을 모르게 이어져 있었다. 이렇듯 높은 지대에 초원이라니! 수목 한계선은 차에서 내려다볼 수 없어 차창으로 지나치면서 보는 것만으로도 그저 감탄사가 저절로 새어 나왔다.

고봉에서 굽어본 협곡의 풍광은 장엄했다. 화산 폭발로 용암이 흐르던 자리에 생긴 대협곡에 물길이 생기면서 아름다운 폭포와 계류가 점차 많은 지류를 만나 이도백하를 이루면서 북으로 흘러 해란강이 되고 송화강에 몸을 섞는다.

하늘 아래 첫 번째 호수, 천지에 조금이라도 더 가까이 다가가려고 사람들 틈을 파고들었다. 처음에는 자욱한 운무가 깔려 앞이 보이지 않았는데 안개가 걷히고 태양이 잠깐 비칠 때 천지 위에 있는 바위만 살짝 보였다. 그러다 또 안개가 끼면 보이지 않다가 무슨 요술을 부리는 듯, 한 20분쯤 기다렸더니 시야가 활짝 열리면서 그 아름다운 천지의 수면이 드러났다. 사람들의 환호성이 터져 나왔다. 삼대가 덕을 쌓아야 볼 수 있다는 천지가 아니던가.

우리 일행은 첫 번째 도전에 천지를 보았다. 우리가 얼마나 많은 덕을 쌓았을까? 어떤 사람은 이 천지를 보기 위해 다섯 번째 올라왔다고 했다. 그러면서 어젯밤 꿈을 잘 꾸었다며 사진을 보여주었다. 그렇게 백두산의 천지를 단번에

볼 수 있었다는 것은 정말 행운이 아닐 수 없었다.

　장백폭포 또한 장관이었다. 폭포로 가는 길목에 노천온천이 있어 군데군데 83도의 뜨거운 온천수가 솟구치고 있었다. 그 온천수 앞 노점에서 삶은 계란을 팔고 있었는데 가이드가 한 개씩 사주었다. 노른자는 익었는데 흰자는 반숙이었다. 일반 완숙 계란보다 더 맛있게 느껴졌다. 우리가 계란 반숙을 만들 때면 흰자가 먼저 익고 차츰 속으로 들어가면서 익기 때문에 언제나 노른자가 반숙이었는데 여기 온천물에서는 속에 있는 노른자가 먼저 익고 흰자는 반숙인 게 신기했다.

　지안(集安) 퉁거우(通溝)에 있는 고구려 19대 광개토대왕비와 동양의 피라미드라 불리는 장수왕릉을 참배했다. 광개토대왕비는 중국 당국에서 사진을 찍지 못 하게 해서 아쉬움이 컸다. 장수왕릉의 천 년 전 피라미드를 보고 깜짝 놀랐다. 지금같이 시멘트도 없이 돌로만 쌓았는데 그 돌들이 어찌나 크던지. 조금씩 자연적 변화가 올 것을 예상해서 돌기둥 받침대로 중심을 잡은 피라미드이다. 이집트의 스핑크스나 피라미드와 견줄 만하다는 생각이 들었다. 우리 선조들의 지혜가 아닌가.

　단둥으로 이동해 압록강에서 유람선을 타고 북한 땅을 바라보았다. 6·25 때 끊어진 압록강 다리, 한국전쟁 때 중공군들이 들어오지 못하도록 미군이 다리를 폭파한 것이라 한다. 폭격으로 끊어진 다리는 교각만 남아 있었다. 압록강 하류에는 크고 작은 섬들이 있었다. 신의주, 월량도, 위화도 등이 보이는데 강물에는 국경 표시를 세울 수 없으므로 유람선을 타고 북한의 초소 가까운 거리까지 갈 수 있었다.

같이 간 일행이 "오빠!" 하며 큰소리로 외치니 북한 초소에서 군인이 나와서 손을 흔들었다. 우리는 환호하며 더욱더 크게 합창이라도 하듯 오빠를 외쳤다. 그들이 두 손을 들어 흔드는 모습을 보면서 왠지 가슴이 찡하며 눈물이 나왔다.

어느 노래의 "백 미터 앞에 놓고…"라는 가사처럼 몇 미터 앞에 놓고 소리쳐 부르고 두 팔을 들어 흔드는 모습들이라니. 자전거를 타고 지나가는 학생들과 일반인들도 서로 팔을 들어 흔드는 모습….

여행의 마지막 날 저녁, 우리는 식사를 마치고 네온사인이 번쩍이는 곳으로 갔다. 중국과 북한이 물물교환을 하는 다리라 하는데 중간 부분이 끊어져 있고, 관광명소라 했다.

우리 네 명은 사진을 찍다가 일행을 놓치고 말았다. 헐레벌떡 뛰어가서 표를 구하려 하는데 한 가지 카드만 받는다며 우리가 가지고 있는 카드와 한국 돈은 받지 않는다고 했다. 어찌할 줄을 모르고 있는데 가이드가 와서 표를 구해 주면서 일행들을 만나면 그냥 오라고 당부까지 했다.

우리는 사진을 찍으며 다리 위를 걸었다. 끊어진 다리 난간 저쪽에는 김정은 사진이 붙어 있었다. 일행을 만나지 못해서 어디 다른 길이 있나 하고 허둥지둥 내려왔다. 일행은 '입장료를 내지 않고 다른 뒷길로 다녀왔다.'면서 우리를 부러운 눈빛으로 바라보는데 미안하기도 하고 한편으로는 교각을 다녀온 우리는 개선장군이나 된 것처럼 으쓱해졌다.

그렇게 며칠간의 여행을 마치고 무사히 돌아왔다. 백 번 올라가서 두 번 볼 수 있다는 백두산 천지를 단 한 번에 올라가서 보았다는 것은 정말 행운이었다. 그러나 다녀온 지 한 달도 못 되어 허리 수술을 받았다. 허리가 아파 이제는 다시 갈 수 없을 것이다.

안개가 걷히고 천지의 수면이 환하게 드러났을 때의 감격, 좁은 틈에서 폴짝폴짝 뛰니까 옆 사람이 "그렇게 좋으세요?"라고 했을 만큼 가슴이 벅찼다.

천지의 모습이 떠오를 때마다 희열을 느끼며 행복한 미소가 절로 지어진다. 이 힘으로 열심히 재활 훈련을 하리라.

최 낙 진 수 필 집

혼자서 길을 걷다

혼자서
길을
걷다